Also sprach Schwejk...

Also sprach Schwejk...

DIE BESTEN AUSSPRÜCHE

UND ANEKDOTEN

AUS DEM ROMAN

DIE ABENTEUER

DES BRAVEN SOLDATEN SCHWEJK

VON JAROSLAV HASCHEK

UND KARL VANĚK

DIE GESCHICHTEN ÜBER HASCHEK
VON RADKO PYTLÍK

ISBN 80-900668-7-9

„Also sie ham uns den Ferdinand erschlagen“, sagte die Bedienerin zu Herrn Schwejk, der vor Jahren den Militärdienst quittiert hatte, nachdem er von der militärärztlichen Kommission endgültig für blöd erklärt worden war, und der sich nun durch den Verkauf von Hunden, häßlichen, schlechtrassigen Scheusälern, ernährte, deren Stammbäume er fälschte.

Neben dieser Beschäftigung war er vom Rheumatismus heimgesucht und rieb sich gerade die Knie mit Opodeldok ein.

„Was für einen Ferdinand, Frau Müller?“ fragte Schwejk, ohne aufzuhören, sich die Knie zu massieren. „Ich kenn zwei Ferdinande. Einen, der is Diener beim Drogisten Pruscha und hat dort mal aus Versehn eine Flasche mit irgendeiner Haartinktur ausgetrunken, und dann kenn ich noch den Ferdinand Kokoschka, der, was den Hundedreck sammelt. Um beide is kein Schad.“

„Ja, so ein Herr kann sich das erlauben und denkt gar nich dran, wie so eine Fahrt im Automobil unglücklich ausgehn kann. Und noch dazu in Sarajevo, das is in Bosnien, Frau Müller. Das ham sicher die Türken gemacht. Wir hätten ihnen halt dieses Bosnien und Herzegowina nich nehmen solln.“

„Ja, so ein Revolver is kein Spaß. Unlängst hat auch ein Herr bei uns in Nusle mit einem Revolver gespielt und die ganze Familie erschossen, mitsamt dem Hausmeister, der nachschaun gekommen is, wer dort im dritten Stock schießt.“

„No, das versteht sich doch von selbst, Frau Müller. Wenn Sie einen Erzherzog oder den Kaiser erschlagen wollten, möchten Sie sich sicher auch mit jemandem beraten. Mehr Leute haben mehr Verstand. Der eine rät das, der andere wieder was anderes, und so wird das Schwerste leicht vollbracht, wies in unsrer Volkshymne heißt.“

„Heutzutage gibts wenig anständige Leute, Frau Müller. Ich stell mir halt vor, daß sich der Herr Erzherzog Ferdinand in Sarajevo auch in dem Mann getäuscht hat, der ihn erschossen hat. Er hat irgendeinen Herrn gesehn und sich gedacht: Das is sicher ein anständiger Mensch, wenn er mir ‚Heil‘ zuruft. Und dabei knallt ihn der Herr nieder.“

„Ich möcht mir für so was einen Browning kaufen. Der schaut aus wie ein Spielzeug, aber Sie können damit in zwei Minuten zwanzig Erzherzöge niederschießen, magere oder dicke. Obgleich man, unter uns gesagt, Frau Müller, einen dicken Erzherzog besser trifft als einen magern.“

Palivec war als ordinärer Mensch bekannt, jedes zweite Wort von ihm war ‚Dreck‘ oder ‚Arsch‘.

„Ich misch mich in solche Sachen nicht hinein. Damit kann mich jeder am Arsch lecken. Sich heutzutage in so was hineinmischen, das kann jeden den Kopf kosten. Ich bin Gewerbetreibender, wenn jemand kommt und sich ein Bier bestellt, schenk ichs ihm ein. Aber so ein Sarajevo, Politik oder der selige

Erzherzog, das is nix für uns. Draus schaut nix heraus als «Pankrác», daß heißt die Strafanstalt in Prag."

„Da ist mal ein Bild vom Kaiser gehangen."

„Ja, da ham Sie recht, er is dort gehangen, und die Fliegen ham auf ihn geschissen, so hab ich ihn auf den Boden gegeben. Sie wissen ja, jemand könnt sich irgendeine Bemerkung erlauben, und man könnt davon noch Unannehmlichkeiten haben. Hab ich das nötig?"

„Aber Disziplin muß beim Militär sein. Sonst möcht sich niemand aus jemandem was machen. Unser Oberlajtnant Makovec hat uns immer gesagt: ‚Disziplin, ihr Heuochsen, muß sein, sonst möchtet ihr wie die Affen auf den Bäumen klettern. Aber das Militär wird aus euch Menschen machen, ihr Trotteln.' Und is das nicht wahr? Stellen Sie sich einen Park vor, sag mir aufm Karlsplatz, und auf jedem Baum einen Soldaten ohne Disziplin. Davor hab ich immer die größte Angst gehabt."

„Hast du die Türken gern? Hast du diese heidnischen Hunde gern? Nicht wahr, das nicht."

„Ein Gast wie der andere. Und wenns auch ein Türke is. Für uns Gewerbetreibende gibts keine Politik. Bezahl dein Bier und setz dich hin und quatsch was du willst. Das is mein Grundsatz."

„Gut, Herr Wirt", ließ sich Bretschneider vernehmen. „Aber Sie werden zugeben, daß das ein großer Verlust für Österreich ist."

Statt des Wirtes antwortete Schwejk: „Ein Verlust is es, das läßt sich nicht leugnen. Ein furchtbarer Verlust. Der Ferdinand läßt sich nicht durch jeden beliebigen Trottel ersetzen."

„Bei uns in Budweis hat man vor Jahren auf dem Markt bei irgendeinem kleinen Streit einen Viehhändler erstochen, einen gewissen Břetislav Ludwig, der hatte einen Sohn namens Bohuslav, und wenn der seine Schweine verkaufen kam, wollt niemand was von ihm kaufen, und jeder hat gesagt: ‚Das ist der Sohn von diesem Erstochenen. Das wird gewiß auch ein feiner Lump sein.'"

Jaroslav Haschek schien zeit seines Lebens ein Lebenskünstler zu sein, ein Bohemien, dessen Ruhm sich durch verschiedene Anekdoten und Geschichten zieht:

Ich habe drei Türken am Fuße des Vitoša getötet

In einer Prager Bierstube machte Haschek die Bekanntschaft des mazedonischen Herzogs Klimesch. Dieser war ein junger Mann voller Ideale, der für die mazedonischen Aufständischen Hilfe suchte.

Klimesch war eine stattliche Erscheinung mit schwarzem Vollbart und trug einen langen Dolch im Gürtel. Er hielt pathetische Reden und warb Kämpfer für die Sache der slawischen Brüder, die unter der Türkenherrschaft auf dem Balkan litten. Es gelang ihm, den Radikalen und Anarchisten Haschek als einzigen für seine Sache zu gewinnen. Und so kamen die beiden jungen Männer nach Sofia, wo sie erst einmal in ein Kaffeehaus gingen. Sie bestellten sich Pilaf, ein einheimisches Fleischgericht, tranken schwarzen Kaffee und überlegten, was wohl als nächstes zu tun sei. Dann suchten sie das Rilakloster auf, wo sie Gewehre bekamen, und gingen in die Berge. Auf einmal schrie Klimesch: „Ich sehe Türken!" Sie suchten hinter einem Stein Deckung, gaben drei Schüsse ab, worauf Klimesch meinte: „Laß uns fliehen!" Also flohen sie zurück nach Sofia, von wo aus Haschek seiner Mutter ein Telegramm nach Prag schickte: „Haben drei Türken erschossen - stop - 100 000 Dinar Kopfgeld auf mich ausgesetzt - stop - Mutti, erbitte umgehend Geld für die Heimreise."

„Da hat vor Jahren in Zliw bei Hluboká ein Heger gelebt, der hat den häßlichen Namen Pinscher gehabt. Die Wilddiebe ham ihn erschossen, und er hat eine Witwe mit zwei Kindern hinterlassen, und sie hat nach einem Jahr wieder einen Heger genommen, den Schewla-Pepi aus Mydlowar. Und den ham sie ihr auch erschossen. Dann hat sie sich zum drittenmal verheiratet und hat wieder einen Heger genommen und hat gesagt: ‚Aller guten Dinge sind drei. Wenns diesmal nicht glückt, dann weiß ich schon nich, was ich machen soll.‘ Natürlich hat man ihr ihn wieder erschossen, und da hat sie mit diesen Hegern zusammen schon sechs Kinder gehabt. Sie is bis in die Kanzlei vom Herrn Fürsten in Hluboká gegangen und hat sich beschwert, daß sie mit diesen Hegern so ein Malör hat. Dort hat man ihr den Teichwächter Jaresch vom Ražitzer Teich empfohlen. Und was sagen Sie dazu: den ham sie ihr wieder beim Fischfang im Teich ertränkt, und dabei hat sie mit ihm schon zwei Kinder gehabt. Da hat sie sich einen Schweinschneider aus Vodnany genommen, und er hat sie eines Abends mit der Hacke erschlagen und is sich dann freiwillig anzeigen gegangen. Wie man ihn dann beim Kreisgericht in Pisek gehängt hat, hat er dem Priester die Nase abgebissen und hat gesagt, daß er überhaupt nichts bereut, und hat auch noch was sehr Häßliches über unsern Kaiser gesagt.“

„Und wissen Sie nicht, was er gesagt hat?“

„Das kann ich Ihnen nicht sagen, weil sich niemand getraut hat, es zu wiederholen. Aber es war herich etwas so Furchtbares und Schreckliches, daß ein Rat vom Gericht, der dabei war, davon verrückt geworn is, und noch heut hält man ihn in der Isolierzelle, damit nix ans Licht kommt. Es war nicht nur eine gewöhnliche Majestätsbeleidigung, wie man sie begeht, wenn man betrunken is.“

„Welche Majestätsbeleidigungen man begeht, wenn man betrunken ist? Verschiedene. Betrinken Sie sich, lassen Sie sich die Staatshymne aufspieln, und Sie wern sehn, was Sie anfangen wern zu sprechen. Sie wern sich so viel über Seine Majestät ausdenken, daß es, wenn nur die Hälfte davon wahr wär, genügen möcht, um ihn für sein ganzes Leben unmöglich zu machen.“

„Sie glauben, unser Kaiser wird das so lassen? Da kennen Sie ihn schlecht. Krieg mit den Türken muß sein. Ihr habt meinen Onkel erschlagen, da habt ihr dafür eins über die Kuschen. Es gibt bestimmt Krieg. Serbien und Rußland wern uns in diesem Krieg helfen. Sakra, wird man sich dreschen! Es wird Krieg geben, mehr sag ich euch nicht.“

Seltsam hatte der selige Ferdinand dem vierten Verhafteten mitgespielt, einem Mann von lauterem Charakter und makellosem Schild. Er war volle zwei Tage jeglichem Gespräch über Ferdinand ausgewichen, bis er abends im Café beim Mariagespiel den Eichelkönig mit der Schellsieben trumpfte: „Sieben Kugeln wie in Sarajevo.“

„Ja, mit uns allen stehts sehr schlecht, das is nicht wahr, was ihr sagt, daß euch, uns allen, nix geschehn kann. Wofür ham wir eine Polizei, als dafür, daß sie uns für unsere losen Mäuler straft.“

„Oder dieser unschuldige Zigeuner in Zabĕhlitz, was am Christtag in der Nacht in einen Bäckerladen eingebrochen is. Er hat geschworen, daß er sich nur anwärmen gegangen is, aber es hat ihm nichts genützt. Wie das Gericht mal was in die Hand nimmt, stehts schlimm. Aber das muß sein.“

„Jesus Christus war auch unschuldig, und sie ham ihn auch gekreuzigt. Nirgendwo is jemals jemandem etwas an einem unschuldigen Menschen gelegen gewesen. ‚Maulhalten und weiterdienen!' - wie mans uns beim Militär gesagt hat. Das is das Beste und Schönste."

„Heutzutag ist es eine Hetz, eingesperrt zu sein, kein Vierteilen, keine spanischen Stiefel, Kavalletts hamr, einen Tisch hamr, Bänke hamr, wir drängen uns nicht einer auf den andern, Suppe kriegen wir, Brot geben sie uns, einen Krug mit Wasser bringen sie uns, den Abort hamr direkt vorm Mund. In allem sieht man den Fortschritt. Ja, heutzutag ham sich die Verhältnisse zu unsern Gunsten gebessert."

„Wenn Sie wünschen, Euer Gnaden, daß ich gesteh, so gesteh ich, mir kanns nicht schaden. Wenn Sie aber sagen: ‚Schwejk, gestehn Sie nichts ein', wer ich mich herausdrehn, bis man mich in Stücke reißt."

„Also Sie sind der Herr Schwejk?"

„Ich denk", entgegnete Schwejk, „daß ichs sein muß, weil auch mein Vater ein Schwejk und meine Mutter eine Schwejk war. Ich kann ihnen nicht so eine Schande antun, meinen Namen zu verleugnen."

„Ich wer mich doch nicht mit ihnen wegen meiner eigenen Unterschrift zanken. Damit möcht ich mir ganz bestimmt nicht nützen. Ordnung muß sein.“

„Mein Advokat hat mir gestern gesagt, wenn ich schon einmal für schwachsinnig erklärt worden bin, so muß ich davon schon fürs ganze Leben einen Vorteil haben.“

„Ich denk, wir sollten alles von einer bessern Seite betrachten. Jeder kann sich irren, und er muß sich irren, je mehr er über etwas nachdenkt. Die Gerichtsärzte sind Menschen, und Menschen ham ihre Fehler. Das liegt schon so in der menschlichen Natur, daß sich der Mensch bis zu seinem Tod irrt. Deshalb sag ich euch, daß alle Menschen Irrtümern unterliegen, daß sie sich irren, obs nun ein Gelehrter oder ein blöder ungebildeter Trottel is. Sogar Minister irren sich.“

„Könnten Sie den Durchmesser der Erdkugel ausmessen?“
„Das möcht ich, bitte, nicht treffen“, antwortete Schwejk, „aber ich selbst möcht Ihnen, meine Herren, auch ein Rätsel aufgeben: Es is ein dreistöckiges Haus, in diesem Haus sind in jedem Stock acht Fenster. Auf dem Dach sind zwei Erker und zwei Kamine. In jedem Stock sind zwei Mieter. Und jetzt sagen Sie mir, meine Herrn, in welchem Jahr is dem Hausmeister seine Großmutter gestorben?“

Wie Haschek den Abstinenzler spielte

Als Haschek um Jarmilka Mayer anhielt, die Tochter eines vermögenden Stukkateurs aus dem Prager Stadtviertel Weinberge, hatte er zunächst keinen Zugang zur Familie. Er war nämlich als Bohemien und Anarchist bekannt. Und so tauschten sie Liebesbriefe per Boten aus. Die Rolle des Boten spielte Franz Fiala, ein Lehrling des ehrwürdigen Stukkateur - und Bildhauerhandwerks mit vorstehenden Zähnen, der nicht ahnte, daß er später der berühmte Ferenc Futurista sein wird. Schließlich überredete Jarmilka eine Tante, Jaroslav auf einen Sonntagsausflug nach Kunratitz mitnehmen zu dürfen. Sie bat Haschek inständig, an diesem Tag nicht zu trinken und auf die Tante einen guten Eindruck zu machen.

Alle saßen in einem Gartenrestaurant, und Haschek hielt sich erstaunlicherweise an sein Versprechen. Statt Bier bestellte er Sodawasser,und selbst mit seinen zukünftigen Schwägern wollte er keinen Schluck Bier trinken. Ziemlich oft ging er aber auf die Toilette. Als es Zeit für den Heimweg war, kippte Jaroslav wie tot zu Boden. So sehr war ihm das „Sodawasser“ in der Hitze zu Kopf gestiegen! Man bekam nämlich heraus, daß Haschek dem Kellner fünf Gulden gegeben hatte, wofür ihm dieser jedesmal, wenn er auf die Toilette ging, ein Schnapsglas mit Slibowitz in eine Nische auf dem Gang stellte.

Der weinenden Jarmilka blieb nichts anderes übrig, als irgendwo einen Schubkarren zu besorgen und den unverbesserlichen Bohemien mit Hilfe ihrer angeheiterten Brüder zurück in die Stadt zu transportieren. Was für eine Schande - aber sie gab nicht auf, und das ist wichtig!

„Auch diese Lumperei muß sein, wenns alle Menschen mit den andern Menschen gut meinen möchten, tät bald einer den andern erschlagen."

Wenn Schwejk später sein Leben im Irrenhaus schilderte, geschah dies unter ungewöhnlichen Lobpreisungen: „Ich weiß wirklich nicht, warum die Narren sich ärgern, wenn man sie dort einsperrt. Dort gibts so eine Freiheit, wie sich sie nicht mal die Sozialisten träumen lassen."

„Was sagen Sie?" fragte einer der Ärzte. „Machen Sie fünf Schritte nach vorn und fünf Schritte zurück."

Schwejk machte zehn.

„Ich habe Ihnen doch gesagt," sagte der Arzt, „Sie solln fünf machen."

„Mir kommts auf paar Schritte nicht an," sagte Schwejk.

„So ein Polizist, wenn er Wut hat, kann vieles machen, und wenn er noch größere Wut kriegt, is alles imstand."

„Ich kenn mich drin aus, ich war mal in einer Nacht in achtundzwanzig Lokalen. Aber alle Achtung, nirgends hab ich mehr gehabt als höchstens drei Biere."

„Wenn jemanden ein Polizist führt, is das ein schwerer Moment im Menschenleben. Aber wenn man nicht mal in so schweren Momenten vergißt, was sich zu tun gebührt, wenn Krieg is, so denk ich, dann is man kein schlechter Mensch.“

„Vorsicht is die Mutter der Weisheit, heutzutage sind die Zeiten so, daß sie einen zur Vorsicht zwingen.“

„Das hab ich mir nicht gedacht, daß sie einen unschuldigen Menschen zu zehn Jahren verurteilen wern. Daß sie einen unschuldigen Menschen zu fünf Jahren verurteilt ham, das hab ich schon gehört, aber zehn, das is bißl viel.“

„Und wie wärs mit einem Polizeihund? So einen, was gleich alles ausschnüffelt und auf die Spur des Verbrechens führt? Ein Fleischer in Wrschowitz hat einen, und er zieht ihm das Wagerl. Dieser Hund hat, wie man sagt, seinen Beruf verfehlt.“

Schwejk erklärte, daß er mit dem Staat nie zu tun gehabt habe, aber einmal habe er ein schwaches Bernhardinerjunges in Pflege genommen und mit Kommißzwieback gefüttert, und es sei auch richtig krepiert.

„Melde gehorsamst, ich bin Rheumatiker, aber dienen wer ich Seiner Majestät dem Kaiser, bis man mich in Stücke reißt.“

„Schon mich nicht, denk an deinen Eid. Selbst wenn dein Vater oder dein eigner Bruder hier liegen möcht, gib ihnen ein Klistier, ohne mit der Wimper zu zucken. Denk dir, daß Österreich auf solchen Klistieren ruht, und der Sieg ist unser.“

„Melde gehorsamst, ich denk deshalb nicht, weils beim Militär den Soldaten verboten is.“

„Verlegt euch doch, kruzifixnochmal, auf das Suchen Gottes, und die Läuse sucht euch zu Haus!“

„Ich hab schon Angst gehabt, daß ihr ihm einen Schluck gegeben habt, das hätt die ganze Erzählung verdorben. So einen Edelmut gibts nur in Romanen, aber im Garnisonsarrest unter solchen Umständen wärs ein Blödsinn.“

„Der Durst ist die Folge von dem gestrigen Durst. Draus kommt man nicht so bald heraus. Ich hab einen Tischler gekannt, der hat sich zum erstenmal am Silvester im Jahre 1910 besoffen und am ersten Jänner früh hat er solchen Durst gehabt, und es war ihm so schlecht, daß er sich einen Hering gekauft hat und von neuem getrunken hat, und so macht ers täglich schon über vier Jahre, und niemand kann ihm helfen, weil er sich immer schon Samstag Heringe auf die ganze Woche kauft. Das is halt so ein Ringelspiel, wie ein alter Feldwebel beim 91. Regiment gesagt hat."

„Wo haben Sie so was Gutes kochen gelernt?"

„In Bremen, wie ich vor Jahren auf der Wanderschaft war", entgegnete Schwejk, „von einem verkommenen Matrosen, der gesagt hat, Grog muß so stark sein, daß einer, der ins Meer fällt, den ganzen Kanal La Manche überschwimmen kann. Nach einem schwachen Grog ertrinkt man nämlich wie ein junger Hund."

„Gott behüte einen vor so einer Fügung Gottes. Ein gewisser Pivoňka aus Chotěboř hat es auch mal für Gottes Fügung gehalten, wie ihm ein Halfter mit einer fremden Kuh in die Hand gerutscht is."

„In Emmaus im Kloster hat ein Gärtnergehilfe gearbeitet, und wie er in die Schar der Laienbrüder eintreten wollt und eine Kutte gekriegt hat, damit er nicht seine Kleider zerreißen muß, hat er sich einen Katechismus kaufen müssn und lernen, wie man ein Kreuz schlägt, wer als einziger von der Erbsünde verschont worden is und was das is, ein reines Gewissen haben und andere solche Kleinigkeiten, und dann hat er ihnen unterderhand ausm Klostergarten die halben Gurken verkauft und is mit Schimpf und Schande ausm Kloster hinaus. Wie ich mit ihm zusammengekommen bin, so sagt er mir: ‚Gurken hätt ich auch ohne Katechismus verkaufen können.'"

„Melde gehorsamst, Herr Feldkurat, daß er nicht loszuwerden is, wie ein gewisser Bouschek aus Liben (Prager Stadtviertel). Achtzehnmal am Abend ham sie ihn bei ‚Exner' herausgeschmissen, und immer is er ihnen wieder zurückgekommen, daß er die Pfeife dort vergessen hat. Er is ihnen zum Fenster hineingekrochen, zur Tür, aus der Küche, über die Mauer ins Lokal, durchn Keller in den Ausschank und hätt sich vielleicht aus dem Schornstein heruntergelassen, wenn ihn die Feuerwehr nicht vom Dach heruntergeholt hätt. So ausdauernd war er, daß er Minister oder Abgeordneter hätt wern können. Sie ham für ihn gemacht, was sie konnten."

„Diese Flecke auf der Sonne ham wirklich eine große Bedeutung. Einmal hat sich so ein Fleck gezeigt und noch am selben Tag hab ich bei ‚Banzet' in Nusle Dresch bekommen. Seit der Zeit hab ich immer, wenn ich ausgegangen bin, in der Zeitung gesucht, ob sich nicht wieder ein Fleck gezeigt hat. Und wie er sich gezeigt hat, lebwohl Marie, bin ich nirgends hingegangen, und nur so hab ichs überlebt. Wie damals der Vulkan Mont Pelé die ganze Insel Martinique vernichtet hat, hat ein Professor in der ‚Národní Politika' geschrieben, daß er die Leser schon längst auf einen großen Fleck auf der Sonne aufmerksam gemacht hat. Und die ‚Národní Politika' is halt nicht rechtzeitig auf dieser Insel angekommen, und so habens die Leute auf der Insel davongetragen."

„Ich bin der Meinung, daß es immer am besten is, zu gestehn, aufrichtig zu sein, und wenn ich schon was anstell, zu kommen und zu sagen: ‚Melde gehorsamst, ich hab das und das angestellt.' Und was die Ehrlichkeit betrifft, is es immer eine sehr hübsche Sache, weil man mit ihr immer am weitesten kommt. So wie wenn diese Wettgehen sind. Wie einer zu fixeln anfängt und lauft, is er schon distanziert. Das is meinem Vetter passiert. Ein ehrlicher Mensch is überall geschätzt, geehrt, mit sich selbst zufrieden und fühlt sich wie neugeboren, wenn er sich abends ins Bett legt und sagen kann: ‚Heut war ich wieder ehrlich.'"

„Meiner Meinung nach, Herr Oberlajtnant, is ein Stallpinscher ein sehr lieber Hund. Jedem, das is wahr, gefällt er nicht, weil er Borsten hat und so einen harten Bart am Maul, daß er wie ein entlassener Sträfling aussieht. Er is so häßlich, daß er schon wieder schön is und dabei sehr klug."

„Melde gehorsamst, Herr Oberlajtnant, ich hab alle Wünsche der gnädigen Frau erfüllt und sie Ihrem Befehl gemäß ehrlich bedient."

„Ich danke Ihnen, Schwejk, hatte sie viele Wünsche?"

„Beiläufig sechs", antwortete Schwejk, „jetzt schläft sie wie erschlagen von der Fahrt. Ich habe ihr alles gemacht, was ich ihr an den Augen abgesehn hab."

Während er den Stallpinscher betrachtete, dachte Schwejk philosophisch: „Wenn mans rundherum nimmt, wird eigentlich jeder Soldat auch aus seinem Heim gestohlen."

Ich weiß nicht, ob mir in diesem Buche gelungen ist, was ich bezweckte. Der Umstand allerdings, daß ich einen Menschen einen anderen schimpfen hörte: „Du bist so blöd wie der Schwejk", würde dagegensprechen. Sollte jedoch das Wort „Schwejk" zu einem neuen Schimpfwort im Blumenkranz der Beschimpfungen werden, muß ich mich mit dieser Bereicherung der tschechischen Sprache begnügen.

Jaroslav Hašek

Haschek und Meister Arbes

Der Schriftsteller Jakub Arbes besuchte häufig die Bierstube Zum Goldenen Liter in der Balbingasse. Er hatte hier seine Stammtischgesellschaft, in deren Kreis er als Augenzeuge über all die interessanten Ereignisse erzählte, die sich seit den sechziger Jahren des vergangenen Jahrhunderts im Leben Böhmens zugetragen hatten. In den Debatten duldete er keine Widerrede und wies einen jeden in die Schranken, der anderer Meinung war. Seine Anhänger und Bewunderer schufen um seinen großen, mit einem weißen Diadem behangenen Schädel eine Art Kult.

Das jedoch reizte die jungen Literaten und Künstler vom Nebentisch. Besonders Haschek, der in jeder Gesellschaft gleichfalls stets die erste Geige spielen mußte - als König der Prager Bohemiens - litt darunter. Er konnte es sich nicht verkneifen, Arbes mit einer dummen Frage zu provozieren: „Meister, wie war das eigentlich mit Gelasius Dobner? Schnupfte er oder rauchte er Zigarren? Und Dobrowsky, trug der eine Soutane oder Zivil? Und stimmt das, daß er verrückt wurde?“

Doch Meister Arbes mochte die Jugend und ließ sich nicht provozieren, selbst auf den größten Blödsinn antwortete er mit viel Geduld. Einmal jedoch konnte es Haschek nicht mehr aushalten: lärmend stand er auf, und in die mitternächtliche kurze Stille verkündete er lautstark, daß es die ganze Wirtschaft hören konnte: „Arbes, mit dir wird es ein böses Ende nehmen!"

Die Gesellschaft an Arbes' Tisch war wie gelähmt ob dieser Dreistigkeit. Das hatte es hier noch nicht gegeben, so eine Frechheit! Noch dazu gegenüber einem anerkannten Schriftsteller!

Meister Arbes indes ließ sich nicht aus der Fassung bringen. Er nahm seine Virginia aus dem Mund, nahm einen tiefen Schluck aus seinem Bierkrug, fuhr sich mit der Hand leicht über die Stirn und meinte gelassen: „Ich weiß, ich weiß... Bei einem Spaziergang werde ich auf eine Menschenmenge stoßen, die um einen schmutzigen, auf der Erde liegenden Betrunkenen herumsteht. Und beim näheren Hinsehen stelle ich fest, daß es Jaroslav Haschek ist. Dann falle ich zu Boden und aus ist es mit mir."

Haschek, von dieser polemischen Schlagfertigkeit überrascht, blieb das Wort im Halse stecken. Es ärgerte ihn, daß er diesen Schlagabtausch verloren hatte. Seither mochten sich Haschek und Arbes nicht besonders.

„Am Bahnhof is immer gestohlen worn und wird weiter gestohlen wern. Anders gehts nicht.“

„Melde gehorsamst, ich hab mal in der Zeitung gelesen, daß ein normaler Mensch durchschnittlich sechzigtausend bis siebzigtausend Haare am Kopf ham soll und daß schwarzes Haar schütterer zu sein pflegt, wie in vielen Fällen zu sehn is. Dann hat mal ein Mediziner im Kaffeehaus ‚Beim Schpirk‘ gesagt, daß Haarausfall von der seelischen Erregung im Wochenbett kommt.“

„Das is, wie man sagt, ein tragischer Irrtum, der jedem passieren kann, wenn einer eine Bemerkung macht und der andre sich gleich an sie klammert. Da hat uns mal vor Jahren der Schneider Hyvl erzählt, wie er aus dem Ort, wo er in Steiermark geschneidert hat, über Leoben nach Prag gefahren is und einen Schinken mitgehabt hat, was er sich in Marburg gekauft hat. Wie er so im Zug fährt, hat er sich gedacht, daß er überhaupt der einzige Tscheche zwischen den Passagieren is, und wie er bei Sankt Moritz angefangen hat, den ganzen Schinken anzuschneiden, so hat der Herr, der gegenüber gesessen is, angefangen, auf den Schinken verliebte Augen zu machen, und der Speichel hat angefangen ihm ausn Maul zu laufen. Wie der Schneider Hyvl das gesehen hat, hat er auf tschechisch laut zu sich gesagt: ‚Das möchtest du fressen, du Mistvieh du.‘ Und der Herr antwortete ihm auf tschechisch: ‚Freilich möcht ichs fressen, wenn du mir was geben möchtest.‘ So ham sie den Schinken zusamm aufgefressen, bevor sie nach Budweis gekommen sind. Der Herr hat Adalbert Rous geheißen.“

„Eine jede solche Verspätung ist eine hinterlistige Sache. Napoleon hat sich bei Waterloo um fünf Minuten verspätet, und sein ganzer Ruhm war beim Teufel.“

„Vor Jahren gabs in Zittau einen Stationsvorstand namens Wagner. Der war ein Leuteschinder zu seinen Untergebenen und hat sie sekkiert, wo er konnt, und am meisten hat er sich auf einen gewissen Weichenwärter Jungwirt verlegt, bis sich der Arme aus Verzweiflung im Fluß ertränkt hat. Bevor er das aber gemacht hat, hat er dem Stationsvorstand einen Brief geschrieben, daß es in der Nacht bei ihm spuken wird. Aber ich lüg Ihnen nicht. Er hats ausgeführt. Der liebe Vorstand sitzt in der Nacht beim Telegrafenapparat, die Glocken ertönen, und der liebe Vorstand nimmt ein Telegramm in Empfang: ‚Wie gehts dir, gemeiner Kerl? Jungwirt.‘ Die ganze Woche hats gedauert, und der Vorstand hat angefangen, nach allen Seiten Diensttelegramme zu schicken, als Antwort für das Gespenst: ‚Verzeihs mir, Jungwirt.‘ Und in der Nacht drauf hat ihm der Apparat folgende Antwort geklopft: ‚Häng dich auf dem Semaphor bei der Brücke auf, Jungwirt.‘ Und der Herr Vorstand hat gefolgt. Dann hat man den Telegrafisten von der Station von Zittau eingesperrt. Sehn Sie, es gibt Dinge zwischen Himmel und Erde, von denen wir nicht mal eine Ahnung ham.“

„Da ham Sie ganz recht, jedes Leugnen erschwert ein Geständnis und umgekehrt.“

„Fällt es Ihnen schwer, einen Bahnhof zu photographieren?“

„Leichter als was andres, weil er sich nicht rührt und fort auf einem Fleck bleibt und man ihm nicht sagen muß, er soll freundlich schaun.“

„Das hat schon der alte Gastwirt Rampa auf den Weinbergen gesagt, wenn ihm jemand schuldig bleiben wollt, daß manchesmal über einen Menschen so ein Moment kommt, daß er für alles taub is wie ein Klotz.“

„Versuchen Sie es, in ein Schwein Ruhm zu pumpen, es wird Ihnen zum Schluß doch explodieren.“

„Worüber denken Sie nach, Kamerad?“

„Über die große silberne Tapferkeitsmedaille, die ein Tischler aus der Wawragasse in den Königlichen Weinbergen gekriegt hat, ein gewisser Mlitschko, weil er der erste war, dem bei seinem Regiment zu Kriegsbeginn eine Granate ein Bein abgerissen hat. Er hat ein künstliches Bein bekommen und hat angefangen, sich überall mit seiner Medaille patzig zu machen und hat gesagt, daß er überhaupt der erste und allererste Krippel vom Regiment im Krieg is. Einmal is er ins ‚Apollo‘ auf der Weinberge gekommen, und dort is er mit den Fleischern von der Schlachtbank in Streit geraten, sie ham ihm zum Schluß das künstliche Bein abgerissen und ihm damit eins übern Kopf gegeben. Der, was es ihm abgerissen hat, hat nicht gewußt, daß es ein künstliches Bein is, und is vor Schreck ohnmächtig geworn. Auf der Wachstube ham sie Mlitschko das Bein wieder angemacht, aber seit der Zeit hat Mlitschko Wut auf seine große silberne Tapferkeitsmedaille gekriegt und is sie ins Versatzamt versetzen gegangen, und dort ham sie ihn samt der Medaille festgenommen. Er hat draus Scherereien gehabt, und es gibt irgendein besonderes Ehrengericht für Kriegsinvaliden, und das hat ihn dazu verurteilt, daß man ihm die silberne Medaille genommen hat, und dann hat man ihn noch zum Verlust des Beines verurteilt..."

„Wieso?"

„Sehr einfach. Nämlich eines Tages is eine Kommission zu ihm gekommen und hat ihm mitgeteilt, daß er nicht wert is, ein künstliches Bein zu tragen, so ham sies ihm abgenommen und weggetragen."

„Oder", fuhr Schwejk fort, „is es auch ein großer Jux, wenn die Hinterbliebenen nach jemandem, was im Krieg gefalln is, auf einmal so eine Medaille kriegen mit der Zuschrift, daß man ihnen diese Medaille verleiht, damit sie sie irgendwo auf einen bedeutungsvollen Platz aufhängen. In der Božetěchgasse am Wyschehrad (Stadtviertel) hat ein aufgeregter Vater, was gedacht hat, daß sich die Ämter einen guten Tag aus ihm machen, diese Medaille aufn Abort gehängt, und ein Polizist, was diesen Abort auf der Pawlatsch (offener Balkon) mit ihm zusamm gehabt hat, hat ihn wegen Hochverrat angezeigt, und so hat sichs der arme Kerl davongetragen."

„Daraus geht hervor, daß Glück und Glas leicht brechen."

„Mit dieser gegenseitigen Paarung is es überhaupt eine interessante Sache. In Prag is ein Kellner, der Neger Kristian, sein Vater war ein abyssinischer König und is in Prag auf der Hetzinsel in einem Zirkus aufgetreten. In den hat sich eine Lehrerin verliebt, die in der Weibzeitschrift ‚Lada' Gedichte von Hirten und Bächlein im Wald geschrieben hat, die is mit ihm ins Hotel gegangen und hat mit ihm Unzucht getrieben, wies in der Heiligen Schrift heißt, und hat sich sehr gewundert, daß ihr ein ganz weißes Knäblein geboren worden is. Ja, aber in vierzehn Tagen hat das Knäblein angefangen, braun zu wern. Brauner und brauner is es geworn, und in einem Monat hat es angefangen, schwarz zu wern. Mit einem halben Jahr is es schwarz wie sein Vater, der abyssinische König. Sie is mit ihm auf die Klinik für Hautkrankheiten gegangen, damit man ihr ihn irgendwie entfärbt, aber dort hat man ihr gesagt, daß es eine wirkliche schwarze Negerhaut is und daß sich nichts machen läßt. Sie is davon verrückt geworn, hat angefangen, in Zeitschriften um Rat zu fragen, was man gegen Neger machen soll, und man hat sie in die Kateřinky geschafft, und den kleinen Neger hat man ins Waisenhaus gegeben, wo man mit ihm einen großen Jux gehabt hat. Dann is er ausgelernter Kellner worn und is in Nachtcafés tanzen gegangen. Heut wern nach ihm mit großen Erfolg tschechische Mulatten geboren, was nicht mehr so gefärbt sind wie er. Ein Mediziner, der zum ‚Kelch' gegangen is, hat uns mal erklärt, daß das aber nicht so einfach is. Nämlich so ein Mischling bringt wieder Mischlinge zu Welt, und die sind schon nicht von weißen Menschen zu unterscheiden. Aber plötzlich in einem Geschlecht zeigt sich herich ein Neger. Stelln Sie sich das Malör vor. Sie heiraten ein Fräulein. Das Luder is ganz weiß, und plötzlich bringt sie Ihnen einen Neger zur Welt. Und wenn sie sich vor neun Monaten ohne Sie im Varieté athletische Wettkämpfe angeschaut hat, wo ein Neger aufgetreten is, so wirds Ihnen, denk ich, doch bisserl im Kopf herumgehn."

„Tiere zu erfinden is, das is wahr, eine schwere Sache, aber ausgedachte Tiere vorführen is noch schwerer. Einmal vor Jahren war in Prag ein gewisser Mestek, und der hat eine Meerjungfrau entdeckt und hat sie in der Hawlitschekgasse in der Weinberge (Stadtviertel) hinter einer Plente gezeigt. In der Plente war eine Öffnung, und jeder hat im Halbdunkel ein ganz gewöhnliches Kanapee sehn können, auf dem sich ein Frauenzimmer aus Žižkov gewälzt hat. Die Beine hat sie in grüne Gaze gewickelt gehabt, was den Schwanz vorstelln sollt, die Haare hat sie grün angestrichen gehabt und auf den Händen Handschuh und dran angemachte Flossen aus Pappendeckel: Die waren auch grün, und auf dem Rücken hat sie mit einem Strick ein Steuer angemacht gehabt. Jugendliche unter sechzehn Jahre ham keinen Zutritt gehabt, und alle, was über sechzehn Jahre waren und das Eintrittsgeld bezahlt ham, ham sichs sehr gelobt, daß die Meerjungfrau einen großen Hintern gehabt hat, auf dem die Aufschrift war: ‚Auf Wiedersehn!‘ Was die Brüste betrifft, das war nix. Sie ham sich ihr bis am Nabel herumgewälzt wie einer abgeschleppten Flunder. Um sieben Uhr abend hat der Mestek dann das Panorama zugemacht und gesagt: ‚Meerjungfrau, Sie können nach Haus gehn.‘ Sie hat sich umgezogen, und um zehn Uhr abend hat man sie sich in der Taborgasse herumgehn und ganz unauffällig jedem Herrn, dem sie begegnet is, sagen sehn: ‚Na, du hübscher Junge, komm bißl titschkerln.‘ Weil sie kein Büchel gehabt hat, hat sie der Herr Polizeikommissar Draschner mit andern ähnlichen Mauserln eingesperrt, und der Mestek hat Schluß gehabt mitn Kscheft!“

„Es fällt immer schlecht aus, wenn man sich beleidigt fühlt. Einmal bin ich im Nachtcafé ‚Tunnel‘ gesessen, und wir ham uns von Orang-Utans unterhalten. Einer von der Marine ist mit uns gesessen und hat erzählt, daß man einen Orang-Utan oft nicht von einem bärtigen Bürger auseinanderkennt, daß so ein Orang-Utan das Kinn mit Haaren bewachsen hat wie... ‚Wie‘, sagt er, ‚sagen wir meinetwegen dort der Herr am Nebentisch.‘ Wir ham uns alle umgedreht, und der Herr mit dem Kinn is zu dem von der Marine gegangen und hat ihm eine Watschen gegeben, und der von der Marine hat ihm den Kopf mit einer Bierflasche zerdroschen, und der Herr mit dem Kinn is umgefalln und bewußtlos liegengeblieben, und von dem von der Marine hamr uns empfohlen, weil er gleich weggegangen is, wie er gesehn hat, daß er ihn so bisserl erschlagen hat. Dann hamr den Herrn zu sich gebracht, und das hamr entschieden nicht machen solln, weil er gleich, wie er zu sich gekommen is, auf uns alle, was wir doch rein nichts damit zu tun gehabt ham, die Patrouille gerufen hat, was uns aufs Kommissariat geführt hat."

„In den Wirtshäusern hats früher so hübsche Aufschriften für Kiebitze gegeben. Ich erinner mich nur an eine: ‚Kiebitz, halt die Goschen, sonst wirst du gedroschen.'"

„So wie ein Kohlenmann, den ich gekannt hab, ein gewisser Franz Schkwor, was mit mir am Anfang des Kriegs auf der Polizeidirektion in Prag wegen Hochverrat eingesperrt war und später vielleicht wegen der sogenannten pragmatischen Sanktion auch gehängt worn is. Wie man diesen Menschen beim Verhör gefragt hat, ob er Einwände gegen das Protokoll hat, hat er gesagt: ‚Wenns auch war, wies halt war, irgendwie wars, denn noch nie wars, daß es nicht irgendwie war.‘“

„Er erinnert mich mit dem Kleingeld, das er nicht hat, an einen gewissen Mlitschko. Er war Maurer in Dejwitz und hat auch solang kein Kleingeld gehabt, bis er sich bis zum Hals verschuldet hat und wegen Betrug eingesperrt worn ist. Das große Geld hat er verfressen, und Kleingeld hat er keins gehabt.“

„Schkandal hab ich Ihnen sicher nie gemacht, wenn was passiert is, so wars ein Zufall, eine reine Fügung Gottes, wie der alte Wanitschek aus Pilgram immer gesagt hat, wie er sich die sechsunddreißigste Strafe abgesessen hat.“

„Also unser lieber Mejstřík springt in den Kreis und will einem Honvéd die Fescheste wegnehmen; der hat was zu knurren angefangen, und der Mejstřík hat ihm gleich eins aufgeklebt; er is umgefalln, wir ham gleich die Überschwünge gepackt, ham uns sie um die Hand gewickelt, damit uns die Bajonetts nicht wegfliegen, sind zwischen sie gesprungen, ich hab aufgeschrien: ‚Schuldig, unschuldig, nehmts der Reihe nach!‘“

„Die Magyaren sind mit einem Wort ein Gesindel“, schloß der alte Sappeur Woditschka, worauf Schwejk bemerkte: „Mancher Magyar kann auch nicht dafür, daß er ein Magyar is.“

„Der Mensch denkt, aber Gott lenkt. Beim Fluß zwischen den Gärten hab ich wirklich so ein Lokal gefunden, still wie eine Kapelle, wie geschaffen für einen Krawall.“

„Das hast du wie im Krieg. Erst schlagen wir den Feind und dann fort und fort hinter ihm her, und zum Schluß können wir selbst nicht schnell genug laufen.“

„Wenn zwei gehn, is es immer sicherer.“

„Davon, Woditschka, wer ich dich abbringen. Weißt du, wo aufn Wyschehrad die Neklangasse is? Dort hat der Schlosser Wobornik seine Werkstatt gehabt. Er war ein ehrlicher Mensch, und eines Tags, wie er vom Flamendieren nach Haus gekommen is, hat er sich noch einen Flamender zum Schlafen mitgebracht. Dann is er lang und lang gelegen, und jeden Tag, wenn ihm seine Frau die Wunden am Kopf verbunden hat, hat sie ihm gesagt: ‚Siehst du, Toni, wenn ihr nicht zwei gekommen wärt, hätts nur einen Krawall gesetzt, und ich hätt dir nicht die Dezimalwaage aufn Kopf geworfen.‘ Und er hat dann, wie er schon sprechen konnt, gesagt: ‚Hast recht, Mutter, bis ich nächstens wohin geh, wer ich niemanden mitschleppen.‘“

„Ich bin in grad so einer Situation wie mal der Diener vom akademischen Maler Panuschka wegen einem Bild von der Jungfrau Maria. Der hat auch, wie es sich um die Bilder gehandelt hat, was er hat veruntreut haben solln, nichts anderes drauf antworten können, wie: «Soll ich Blut spucken?»"

„Kurz und gut, es steht mit Ihnen mies, aber Sie dürfen nicht die Hoffnung verlieren, alles kann sich noch zum Bessern wenden, wie der Zigeuner Janetschek in Pilsen gesagt hat, wie man ihm im Jahre 1879 wegen einem Doppelraubmord den Strick um den Hals gelegt hat. Und er hat auch recht gehabt, denn im letzten Moment hat man ihn vom Galgen weggeführt, weil man ihn wegen dem Geburtstag Seiner Majestät nicht hat hängen können, der grad auf denselben Tag gefalln is, wo man ihn hängen wollt. So hat man ihn erst am nächsten Tag gehängt, bis der Geburtstag vorüber war, und der Kerl hat noch so ein Glück gehabt, daß er am dritten Tag drauf begnadigt worn is, und die Verhandlung mit ihm hat erneuert wern solln, weil alles drauf hingewiesen hat, daß eigentlich ein anderer Janetschek den Mord verübt hat. Man hat ihn also ausm Sträflingsfriedhof ausgraben müssen und hat ihn aufm Pilsner katholischen Friedhof rehabilitiert, und dann is man erst draufgekommen, daß er ein Evangelischer is, und hat ihn auf den evangelischen Friedhof überführen müssen und dann..."

„Das hat der Mathias, der Diener vom Maler Panuschka, einem alten Weib erzählt, wie sie ihn gefragt hat, wie die Rose von Jericho aussieht. Nämlich er hat ihr gesagt: ‚Nehmen Sie trockenen Kuhdreck, geben Sie ihn auf einen Teller, begießen Sie ihn mit Wasser, und er wird sich Ihnen schon grün färben, und das is die Rose von Jericho.'"

„Hamr nur niemand um nichts keine Angst, alles wird in Ordnung kommen. Hauptsache is immer, bei Gericht die Unwahrheit reden. Welcher Mensch sich drankriegen läßt zu gestehn, der is immer verloren. Aus dem wird nie was Rechtes wern.“

„Fürcht dich nicht, Woditschka, nur Ruhe, keine Aufregung nicht, is denn was dran, vor so einem Divisionsgericht zu stehn? Da hättest du sehn solln, wie so ein Militärgericht vor Jahren rasch gearbeitet hat. Da hat dir bei uns ein Lehrer Heral aktiv gedient, und der hat uns einmal, wie wir alle ausn Zimmer Kasernarrest gekriegt ham, aufm Kavallett erzählt, daß im Prager Museum ein Buch mit Aufzeichnungen von einem Militärgericht unter Maria Theresia is. Jedes Regiment hat seinen Scharfrichter gehabt, was die Soldaten von seinem Regiment hingerichtet hat, ein Stück nachm andern um einen Theresianischen Taler. Und der Scharfrichter hat sich nach diesen Aufzeichnungen an manchem Tag bis fünf Taler verdient.

Das versteht sich, damals hats starke Regimenter gegeben, und fort hat man sie in den Dörfern ergänzt.“

„Ich hab mich beim Verhör, das is wahr, verschieden herausgeredet, aber das muß man machen, lügen is Pflicht, wie Advokat Baß seinen Klienten sagt.

Das merk dir, daß vorm Militärgericht niemand gestehn darf. Wie ich beim Garnisonsgericht gesessen bin, so hat im Nebenzimmer ein Soldat gestanden, und wies die andern erfahren ham, ham sie ihm eine ‚Decke‘ gegeben und ham ihm befohlen, daß er sein Geständnis widerrufen muß.“

Haut ihn - schaut hin!

Auf dem Polizeipräsidium saßen mit Haschek auch andere unschuldige Personen in Einzelhaft. Die Polizei hatte nämlich mit ihren gezückten Säbeln flach auf die Rücken von Demonstranten eingehauen: Schuldig, unschuldig, immer schön der Reihe nach! Ein vor Wut rasender Wachtmeister hatte dabei einen Alten angefallen, der von einer Pflegerin gerade nach draußen an die frische Luft geführt wurde. Der alte Herr schrie wie am Spieß vor Schmerzen. Er wurde festgenommen und zusammen mit einem Herrn vorgeführt, der zum Mittagessen in die Schwarzbierbrauerei unterwegs gewesen war. Ein Bankdiener wurde beschuldigt, Knallfrösche unter die Pferde der berittenen Polizei geworfen und dabei geschrien zu haben: „Schande, tötet sie!" Am schlimmsten erging es freilich dem Vertreter der Firma Lorenz, Hersteller von Küchengeschirr, der immer nur murmelte: „Ich bin unschuldig... Mir kommt das wie ein Traum vor, das ist doch nicht möglich, das kann doch wirklich nicht wahr sein."

Haschek hatte sich für ein mögliches Verhör schon eine Ausrede zurechtgelegt. Die Polizei beschuldigte ihn, bei dem Einsatz einen Ochsenziemer in den Händen gehalten und gerufen zu haben: „Haut ihn, haut ihn!"

Haschek verteidigte sich mit dem Hinweis, daß er ja nur gerufen habe „Schaut hin!“, weil er seine Nachbarn darauf aufmerksam machen wollte, daß der Kellner vom gegenüberliegenden Café zu ihm herüberschaute. Auch der Polizeikommissar Fahoun, der Haschek verhörte, meinte zu dieser Version:„Das ist sehr wahrscheinlich.“

Ganz anderer Meinung aber war der Untersuchungsrichter. „Gestehen Sie, daß Ihre These ‚Er sprang herbei, riß mir den Ochsenziemer aus der Hand und schlug zu‘ in das Reich der Märchen gehört. Zeugen aus den Reihen der Polizei sagen übereinstimmend aus, daß Sie sich in Ihrer Aufregung in einen Kampf mit der Amtsmacht eingelassen haben. Und zwar mit Begeisterung...“ Das Gericht verurteilte Haschek zu einem Monat Gefängnis. Da ließ sich also nichts machen, und der junge Journalist fand sich im Neustädter Turm in Haft wieder. Ursprünglich wollte er für sein Blatt eine Reportage über anarchistische Volkslager schreiben, und mittlerweile berichteten die Lokalseiten aller Illustrierten über ihn. Statt eines frischen Hammelbratens mit Kruspe bestand seine Kost nun aus Gefängnisknödel - sogenannten „Bomben“ - und Wassersuppe. Dies konnte ihm die gute Laune allerdings nicht verderben.

Er war nicht müßig und schmuggelte aus dem Gefängnis einen Kassiber an seine Verlobte Jarmilka Mayer, in dem geschrieben stand:

„Welche Pläne liegen hier begraben,
im Turm von Neustadt, unweit vom Graben.“

„Aber das war ein Schwein, ich habs nur mit lauter Erdäpfeln großgezogen und hab mich selbst gewundert, wies hübsch zunimmt. Die Schinken hab ich in Salzwasser gegeben, und so ein hübsches gebratenes Stück ausn Salzwasser mit Erdäpfelknödeln, mit Grieben bestreut und mit Kraut, das is was Delikates. Dann schmeckt das Bier! Man is so zufrieden. Um das alles hat uns der Krieg gebracht!“

„Alle Erscheinungen, Gestalten und Dinge sind wesenlos", meinte melancholisch der Koch-Okkultist. „Die Gestalt ist Wesenlosigkeit und die Wesenlosigkeit ist Gestalt. Die Wesenlosigkeit ist nicht verschieden von der Gestalt, die Gestalt ist nicht verschieden von der Wesenlosigkeit. Was Wesenlosigkeit ist, ist Gestalt, was Gestalt ist, ist Wesenlosigkeit."

„Was meine Person anlangt, Herr Rechnungsfeldwebel, wie ich das gehört hab, was Sie von diesen Gestalten gesagt ham, so hab ich mich an einen gewissen Zatka, einen Gasarbeiter, erinnert, was auf der Gasstation am Belvedere gearbeitet und Lampen angezündet hat und wieder ausgelöscht hat. Gegen früh hat er auf der Gasstation grad solche Gespräche geführt wie Sie, nur daß er wieder gesagt hat, der Würfel is eine Kante, deshalb is ein Würfel kantig. Ich habs auf eigene Augen gehört, wie mich ein besoffener Polizist wegen Verunreinigung der Straße irrtümlich statt auf der Polizeiwache auf der Gasstation vorgeführt hat...

Das is sehr schlecht, wenn jemand auf einmal anfängt, sich ins Philosophieren einzulassen, draus stinkt immer ein Delirium tremens."

„Dann einmal hat Major Blüher einen nach dem andern gefragt: ‚Was fühlst du, wenn du zu spät zum Militärdienst kommst?'

Sie ham so verwirrte Antworten gegeben, aber ich hab ihm ganz ruhig gesagt: ‚Melde gehorsamst, Herr Major, daß wenn ich zu spät komm, fühl ich immer irgendeine Unruhe, Angst und Gewissensbisse. Wenn ich aber, wenn ich Überzeit krieg, ordentlich zur Zeit in die Kaserne zurückkomm, dann befällt mich irgendeine glückselige Ruhe, kriecht eine innere Zufriedenheit in mich.'

Alles herum hat gelacht, und Major Blüher hat mich

angeschrien: ‚Auf dich kriechen höchstens Wanzen, du Lümmel, wenn du am Kavallett schnarchst. Er macht sich noch eine Hetz, der Kerl, der elende.'"

„Dran wer ich nie vergessen, wie sie den Rekruten Pech eingesperrt ham. Lajtnant bei der Kompanie war ein gewisser Moc, und der hat sich die Rekruten zusammgerufen und hat jeden gefragt, woher er is.

‚Ihr grünen Rekruten, ihr verfluchten,' sagte er zu ihnen, ‚ihr müßt lernen, klar zu antworten, präzis und wie wenn man mit der Peitsche knallt. Also fangen wir an. Woher sind Sie, Pech?' Pech war ein intelligenter Mensch und hat geantwortet: ‚Unterbautzen, zweihundertsiebenundsechzig Häuser, tausendneunhundertsechsunddreißig tschechische Einwohner, Hauptmannschaft Jitschin, Bezirk Sobotka, ehemalige Herrschaft Kost, Pfarrkirche der heiligen Katharina aus dem 14. Jahrhundert, renoviert durch Graf Wenzel Wratislav Netolitzky, Schule, Post, Telegraf, Station der böhmischen Handelsbahn, Zuckerfabrik, Mühle mit Säge, Einzelhof Walch, sechs Jahrmärkte.' Und da is Lajtnant Moc schon auf ihn zugesprungen und hat angefangen, ihm eine nach der andern übers Maul zu haun, und hat geschrien: ‚Da hast du einen Jahrmarkt, da hast du den zweiten, den dritten, den vierten, den fünften, den sechsten.'"

„Ein Soldat, der beim Militär nicht bestraft worden is, is kein Soldat. Heutzutag sind grad die ärgsten Soldaten, was sonst im Frieden nicht ausn Arrest gekrochen sind, im Krieg die besten Soldaten."

„Draus sieht man", bemerkte Schwejk weise, „daß jeder Soldat sich seine Stellung selbst erobern muß."

„Das hab ich mir nicht gedacht, daß ich, wo ich auf nichts eingegangen bin und alle vier Karten wechsel, ein As krieg. Was habt ihr gegen mich mit dem König aufstecken wolln. Ich schlag den König, bevor du muh sagst."

Und während man hier den König mit dem As schlug, schlugen einander fern an der Front die Könige mit ihren Untertanen.

„Melde gehorsamst, Herr Oberlajtnant, verzeihn Sie gütigst, warum wer ich nie erfahren, was ich Fürchterliches angestellt hab? Ich hab mich, Herr Oberlajtnant, nur deshalb unterstanden danach zu fragen, damit ich nächstens so einer Sache ausweichen kann, denn man sagt allgemein, daß der Mensch aus Fehlern lernt, wie der Gießer Adamec aus einer Prager Großfabrik, wie er aus Versehn Salzsäure getrunken hat..."

Traum des Kadetten Biegler von Budapest:

Das Auto fuhr ins Paradies.

Sie fuhren an einer Gruppe vorbei, wo gerade ein rothaariger Korporal-Engel einen ungeschickten Rekruten-Engel in der Parade hatte, ihn mit den Fäusten in den Bauch schlug und ihn anbrüllte: „Sperr deine Kuschen besser auf, Sau, bethlehemitische. So ruft man Halleluja?! Hast du denn einen Knödel im Maul? - Ich möcht gern wissen, welcher Ochs dich ins Paradies hereingelassen hat, du Rindvieh. Probiers noch einmal - Hlahlehluhja? Was, du Bestie, noch hier im Paradies wirst du uns schnaufeln. - Probiers noch einmal, du Zeder vom Libanon."

Sie fuhren weiter, und hinter ihnen konnte man noch lange den schnaufelnden Engel-Rekruten ängstlich „Hla-hle-hlu-hja" brüllen und den Engel-Korporal schreien hören: „A-le-lu-ja, a-le-lu-ja, du Jordan-Kuh, du!"

„Ich möcht bitten, Herr Oberlajtnant, daß wir die ganze Angelegenheit *irgendwo nebenan erledigen* möchten, wie mein Kamerad

Schpatina aus Zhoř gesagt hat, wie er einmal Heiratszeuge war und in der Kirche auf einmal hat müssen..."

„Ich hab auch so einen Menschen gekannt. Er war Diener in einer Bank. Dem hat man Tausende anvertraun können; einmal hat er wieder in einer andern Bank Geld abgehoben, und man hat ihm um tausend Kronen mehr gegeben, und er hats gleich auf der Stelle zurückgetragen; aber wenn man sich hat um fünfzehn Kreuzer Rauchfleisch holen lassen, so hat er die Hälfte am Wege aufgefressen. Er war schrecklich happig aufs Fressen, und wenn ihn die Beamten um Leberwürste geschickt ham, so hat er die Würste am Weg mitn Taschenmesser zerschnitten und die Löcher mit Englischpflaster zugeklebt, was ihn bei fünf Leberwürsten mehr gekostet haben muß wie eine ganze Leberwurst."

Statt fünfzehn Deka Emmentaler hatten sie den Krieg mit Italien in der Tasche.

„‚Je mehr Kinder in der Familie sind, desto mehr Rohrstaberln verbraucht man', pflegte der alte Chowanek in Motol zu sagen, was den Eltern in der Nachbarschaft für ein Pauschal die Kinder durchgewichst hat."

„Nämlich es is nicht so leicht, irgendwohin zu kriechen. Das trifft jeder, aber von dort wegzukommen, das is die wahre militärische Kunst."

„Das sagt sich so, sich rächen! - Jemand denkt sich, daß er sich rächt, und zum Schluß trägts der davon, den sich so ein Mensch sozusagen zum Instrument seiner Rache ausgesucht hat."

„Da hamr Ihnen mal, Herr Lajtnant, noch vorn Krieg, in der aktiven Dienstzeit, einen Herrn Lajtnant bei der Kompanie gehabt. Nicht mal ein alter Kommißknopf hat sich so ausdrücken können wie der Herr Lajtnant. Aufn Exerzierplatz hat er uns gesagt: ‚Wenn Habtacht is, so mußt du die Augen herauswälzen, wie wenn ein Kater ins Futter scheißt.'"

Leutnant Dub schaute ärgerlich in das arglose Gesicht des braven Soldaten Schwejk und fragte ihn zornig: „Kennen Sie mich?"

„Ich kenn Sie, Herr Lajtnant."

Leutnant Dub rollte die Augen und stampfte mit den Füßen. „Ich sag Ihnen, daß Sie mich noch nich kennen."

Schwejk antwortete wiederum mit ahnungsloser Ruhe, als melde er einen Rapport: „Ich kenn Sie doch, Herr Lajtnant, Sie sind, melde gehorsamst, von unserm Marschbataillon."

„Sie kennen mich noch nicht!" schrie Leutnant Dub abermals. „Sie kennen mich vielleicht von der guten Seite, aber bis Sie mich von der schlechten kennenlernen werden: ich in bös, Sie werden sich wundern, ich bringe jeden zum Weinen. Also kennen Sie mich, oder kennen Sie mich nicht?"

„Ich kenn Sie, Herr Lajtnant."

Stubenrein!

Bei seinem „Handel“ mit Tieren verließ sich Haschek nicht nur auf Kunden, die sein Inserat zufällig in der Zeitung lasen. Bei jeder Gelegenheit sprach er davon, daß er reinrassige Hunde aus den besten Hundezwingern Europas züchte. Einmal kam in einem Gasthaus eine Gesellschaft zusammen, in der auch der Redakteur Julius Schmidt mit seiner Verlobten war. Das Mädchen zeigte sich durch Hascheks Erzählung über die Eigenschaften des „englischen Pintschers“ derart begeistert,daß sie auch sofort so einen Wunderhund haben wollte. Schmidt war ein Kavalier und fragte deshalb, ob Haschek in seinem kynologischen Institut nicht etwas Passendes hätte.

„Ich habe dort ein Tier, das lieb, anschmiegsam, gelehrig und treu ist. Auf den ersten Blick ist der Hund zwar kein ansehnliches Exemplar, aber so häßlich, das er schön ist. Übrigens sind moderne Hunde keine Schönheiten. Das ist ihr Vorzug. Und dann: Er ist stubenrein! Ein so reiner Hund ist mir noch nie begegnet, und dabei hatte ich gewiß schon an die Hundert! Der Preis? Für dich, Julius, 50 Kronen. Für einen anderen wären es hundert!“

Schmidt gab einen Fünfzigkronenschein, und am andern Tag brachte Haschek den Hund. Er war wirklich sehr häßlich, doch sah er andererseits auch nicht wie ein Geschöpf vod der Straße aus. Schmidt kam dann lange nicht mehr in das Gasthaus.

Nach geraumer Zeit trafen sich beide wieder. Schmidt schwieg verbissen, und Haschek versuchte vergeblich zu raten, was ihm wohl über die Leber gelaufen sei. Schließlich kam es heraus. Jener Hund war daran schuld. „Meine Wirtin wollte mir kündigen“, klagte der Kamerad bitter. „Dieses Biest jaulte den ganzen Tag und hatte nichts anderes zu tun, als Pfützchen unf Häufchen ins Zimmer zu machen. Mein Leben lang habe ich keine so unreine Bestie gesehen!“

„Und das konntest du ihm nicht abgewöhnen? Ihm die Schnauze da reinhalten?“„Das habe ich ja gerade getan. Ich habe ihm die Schnauze in das Pfützchen gehalten, habe ihn verprügelt und dann aus dem Fenster geworfen. Ich wohne nämlich im Erdgeschoß. Nur...“ „Was denn?“ „Als er dann einmal eine Pfütze mitten ins Zimmer machte, habe ich eine Knute geholt und bin auf ihn zugegangen. Und dieses Mistvieh von Hund hat mich angeschaut, an der Pfütze geschnuppert und ist von selbst aus dem Fenster gesprungen! Offenbar dachte der Hund, ich wollte ihm das beibringen...“

„Auf den Manövern in Pisek hat uns der Herr Oberst Wachtl gesagt, wie die Mannschaft während der Rast ins Korn gekrochen is, daß ein Soldat nicht immerfort nur ans Scheißen denken darf, ein Soldat soll ans Kämpfen denken."

„Einmal, wie ich noch in Karolinenthal in der Kaserne war, war dort ein gewisser Lajtnant Chudawy, und der hats anders gesagt, wenn er sich aufgeregt hat: ‚Jungens, merkts euch, wenn ihr mich seht, daß ich wie eine Sau auf euch bin und daß ich diese Sau bleib, solang ihr bei der Kompanie sein werdet.'"

„Ich denk, Herr Oberlajtnant, daß zehn Gulden für so ein blödes Auge zuviel is. Da hat man bei der ‚Alten Frau' dem Drechsler Matěj die ganze Kinnlade mit einem Ziegel samt sechs Zähnen für zwanzig Gulden herausgeschlagen, und damals hat das Geld noch einen größeren Wert gehabt wie jetzt. Sogar der Wohlschläger, Prager Scharfrichter, hängt für vier Gulden."

„Melde gehorsamst, daß ich an meinen Eid nicht vergessen hab, den unser Kriegsvolk ablegen muß. Melde gehorsamst, Herr Oberlajtnant, daß ich meinem erlauchtesten Fürsten und Herrn Franz Joseph I. feierlich geschworen hab, auch den Generalen Seiner Majestät treu und gehorsam zu sein und überhaupt allen meinen Vorgesetzten und Oberen zu gehorchen, sie zu achten und zu beschützen, ihre Anordnungen und Befehle in allen Dienstleistungen zu erfüllen, gegen jeden Feind, wer immer es auch sei und wo immer es der Wille Seiner kaiserlichen und königlichen Majestät erfordert, zu Wasser, unter Wasser, auf der Erde, in der Luft, bei Tag und bei Nacht, in Schlachten, Angriffen, Kämpfen, und auch allen anderen Unternehmungen, überhaupt an jedem Ort...“

„Bei Philippi sehen wir uns wieder.“

„Was hat er dir gesagt?“ wandte sich Jurajda an Schwejk.

„Aber wir ham uns irgendwo bei Philipp Rendezvous gegeben. Nämlich diese vornehmen Herrn sind gewöhnlich Buseranten.“

„Es ist halt eine Leidenschaft, aber am ärgsten ist es, wenns über Weiber kommt. In Prag II gabs vor Jahren zwei verlassene Frauen, sie waren geschieden, weil sie Schlampen waren, eine gewisse Mourek und Schousek, und die ham einmal in den Alleen von Rostok, wie dort die Kirschen geblüht ham, einen alten impotenten hundertjährigen Leierkastenmann abgefangen und ham sich ihn ins Rostoker Wäldchen geschleppt, und dort ham sie ihn vergewaltigt. Was die mit ihm gemacht ham! Da is in Žižkov (Stadtviertel) ein Herr Professor Axamit, und der hat dort gegraben, er hat Gräber von Zwergen gesucht und hat paar ausgenommen, und sie ham sich ihn, diesen Leierkastenmann, in so ein ausgegrabenes Grab geschleppt und dort ham sie ihn geschunden und mißbraucht. Und der Professor Axamit is am nächsten Tag hingekommen und sieht, daß etwas im Grab liegt. Er war froh, aber es war der abgemarterte, abgequälte Leierkastenmann, was diese geschiedenen Frauen so zugerichtet ham. Um ihn herum waren lauter kleine Hölzer. Dann is der Leierkastenmann am fünften Tag gestorben, und diese Ludern waren noch so frech, daß sie ihm aufs Begräbnis gegangen sind. Das is schon Perversität."

„Das habt ihr wie in Przemysl oder mit dem Soldaten, dem der Feind beim Gefecht die Feldflasche aus der Hand gerissen hat. Das war noch in den napoleonischen Kriegen, und der Soldat is in der Nacht ins feindliche Lager gegangen und hat sich wieder die Feldflasche zurückgeholt und hat noch dabei verdient, weil der Feind auf die Nacht Schnaps gefaßt hat."

„Ein gewisser Josef Kalenda, Gärtner in Straschnitz, hat sich auch mal von zu Haus entfernt, er is aus Straschnitz in die Weinberge gegangen und hat sich im Gasthaus ‚Zur Haltestelle' aufgehalten, aber da war ihm noch nichts, aber wie er in die Weinberge in die Kronengasse zum Wasserturm gekommen is, is er in der Kronengasse hinter der heiligen Ludmillakirche von einem Wirtshaus ins andere gegangen, und da war er schon wie erschlagen. Er hat sich aber nicht davon abschrecken lassen, weil er am Abend vorher in Straschnitz im Wirtshaus ‚Zur Remise' mit einem Kondukteur von der Elektrischen gewettet hat, daß er zu Fuß in drei Wochen eine Reise um die Welt machen wird. Er hat also angefangen, sich noch weiter und weiter von seinem Heim zu entfernen, bis er ins ‚Schwarze Bräuhaus' am Karlsplatz gekommen is, und von dort is er auf die Kleinseite zum heiligen Thomas ins Bräuhaus gegangen und von dort über die Restauration ‚Zum Montag' und noch weiter übers Wirtshaus ‚Zum König von Brabant' in die ‚Schöne Aussicht' und von dort ins Strahower Kloster ins Bräuhaus. Aber dort is ihm die Luftveränderung schon nicht mehr bekommen. Er is bis aufn Lorettoplatz gekommen, und dort hat er auf einmal so eine Sehnsucht nach der Heimat bekommen, daß er sich auf die Erde hingehaut hat und angefangen hat, sich am Trottoir zu wälzen und geschrien hat: ‚Leutl, ich geh nimmer weiter. Ich pfeif euch' - mit Vergeben, Herr Oberlajtnant - ‚auf die Reise um die Welt'."

„Seien Sie versichert, Herr Oberlajtnant, daß alles in Ordnung gehn wird, weil ich hab sehr gern verbotene Sachen, ich hab mich immer in was Verbotenem befunden, ohne daß ich was davon gewußt hab."

„Woher bist du eigentlich? Direkt aus Budweis? Das laß ich mir gefallen, wenn jemand direkt von irgendwo is."

„Du bist Müller, nicht wahr? - So hast du also wissen solln, daß Gottes Mühlen zwar langsam, aber sicher mahlen, wenn wegen dir der Weltkrieg ausgebrochen is."

„Das ist wie in der Anekdote von dem Mädl, was zum Herrn Pfarrer beichten gegangen is und sich dann, wie sie schon verschiedene Sünden gebeichtet gehabt hat, angefangen hat zu schämen und gesagt hat, daß sie jede Nacht Unsittlichkeiten getrieben hat. Das versteht sich, wie das der Herr Pfarrer gehört hat, is ihm gleich der Speichel aus der Goschen geflossen, und er hat gesagt: ‚No, schäm dich nicht, liebe Tochter, ich bin doch an Gottes Statt, und erzähl mir hübsch genau von deinen Unsittlichkeiten.' Und sie hat euch dort zu weinen angefangen, daß sie sich schämt, daß es so eine schreckliche Unsittlichkeit is, und er hat ihr wieder erklärt, daß er ihr geistlicher Vater is. Endlich, nach langem Sträuben, hat sie damit angefangen, daß sie sich immer ausgezogen hat und ins Bett gekrochen is. Und wieder hat er kein Wort aus ihr herausbringen können, und sie hat nur noch mehr zu heuln angefangen. Er also wieder, sie soll sich nicht schämen, daß der Mensch von Natur aus ein sündhaftes Gefäß is, aber daß die Gnade Gottes unermeßlich is. Sie hat sich also entschlossen und hat weinend gesagt: ‚Wie ich mich also ausgezogen ins Bett gelegt hab, hab ich anfangen, mir den Schmutz zwischen den Zehn herauszukratzen und hab dazugerochen.' Das war also die ganze Unsittlichkeit."

„Ein österreichischer Soldat muß sich nur in gewissen Fällen ohrfeigen lassen. Aber dein Herr hat alle Grenzen überschritten, wies der alte Eugenius von Savoyen gesagt hat: ‚Von daher bis daher!'"

„...wie der Kudela aus Bytouchow, was im aktiven Dienst solang zum Rapport gegangen is, bis er zur Marine versetzt worn is, wo er Kornett geworn is und dann auf einer Insel im Stillen Ozean als Deserteur berühmt geworn is. Er hat dann dort geheiratet und hat auch mitn Weltreisenden Hawlasa gesprochen, und der hat überhaupt nicht erkannt, daß er kein Eingeborener is.“

Leutnant Dub sagte zu Schwejk: „Ich wette, daß Sie einmal hängen werden.“

Als er verschwunden war, wandte sich Schwejk an Oberleutnant Lukasch und sagte in sanftem, freundschaftlichem Ton: „In Münchengrätz war auch so ein Herr und hat so mit einem andern geredet, und der hat ihm geantwortet: ‚Aufn Richtplatz sehn wir uns wieder.‘“

„Es gibt überhaupt viele Sachen auf der Welt, was man nicht machen darf, aber machen kann. Hauptsache is, daß jeder probiert, obs ihm gelingt, und wenn ers nicht darf, ob ers kann... Also da sehn Sie, daß man Verschiedenes nicht darf, aber kann, und daß die Wege verschieden sein können, nur Willen müssen wir den gleichen ham.“

„Erinnerst du dich an den Telefonisten von der Titanic, der was, wie das Schiff schon gesunken is, fort herunter in die überschwemmte Küche telefoniert hat, wann schon das Mittagmahl sein wird?“

Von der „Welt der Tiere“ zum „Tschechischen Wort“

Nach seinem Weggang von der „Welt der Tiere“ suchte Haschek sehr lange vergeblich eine feste Anstellung. Die finanzielle Krise vertiefte seine geistige und familiäre Krise. Das Leben, das er als Bohemien führte, zerrüttete sein „glückliches Heim“. Total niedergeschlagen dachte Haschek an Selbstmord, konnte aber noch rechtzeitig daran gehindert werden. Der Perückenmacher des Theaters, Herr Eduard Bräuer, zerrte ihn noch im letzten Moment von der Brüstung der Karlsbrücke. Dann internierte man ihn für eine Zeit im Institut für Geisteskranke in der Kathringasse. Und aus seiner neuen Wohnung in Prag-Wrschowitz schmiß man ihn hinaus.

Schließlich fand er auf Fürsprache eines guten Kameraden, Alois Hatina, eine Anstellung als Redakteur der Lokalseite im „Tschechischen Wort“, dem Tageblatt der Nationalliberalen. Seine Anstellung bereitete Haschek nicht den geringsten Kummer, im Gegenteil, er pries seine neue Arbeit in den höchsten Tönen: „Der günstigste Platz in jeder Redaktion einer politischen Zeitung, von wo aus man gleichsam in Deckung sämtliche politischen Schachzüge und Tricks beobachten kann, ist die Stelle eines Lokalberichterstatters. Man sitzt als lokaler Berichterstatter über Morden und gebrochenen Beinen und anderen Peinlichkeiten, kann dabei jedoch sehr schön beobachten, was um einen herum vorgeht." Um so viel neue Informationen wie möglich zu sammeln, entschloß sich Haschek, in der Redaktion auch zu übernachten. Aber für Abend spielte er dann im Salon des Parteirestaurants Goldene Gans mit den Abgeordneten der Nationalliberalen Partei Karten.

Die beruhigten Mitglieder der Partei des gemäßigten Fortschritts beruhigte er dann auf einer Wahlkampfsitzung mit einer programmatischen Erklärung: „Aus der ‚Welt der Tiere' bin ich in aller Ruhe ins ‚Tschechische Wort' geglitten. Bekannte meinen, daß ich meine politische Gesinnung überhaupt nicht geändert habe. Die Bulldoggen habe ich einfach für eine neue Partei eingetauscht, allerdings mit dem Unterschied, daß ich früher Bulldoggen und Doggen fütterte, während jetzt die neue Partei mich füttert."

„Sie reden so ähnlich wie der Klempner Pokorny in Budweis. Der, wenn ihn die Leute gefragt ham: ‚Ham Sie schon heuer in der Maltsch gebadet?‘ hat er geantwortet: ‚Nein, aber dafür wirds heuer viel Zwetschken geben.‘ Oder man hat ihn gefragt: ‚Ham Sie heuer schon Schwammerln gegessen,‘ und er hat drauf geantwortet: ‚Nein, aber dieser neue marokkanische Sultan soll herich ein sehr braver Mensch sein.‘“

„Wenn Sie den alten Wejwoda, Polierer in Wrschowitz, gekannt hätten, der hat sich Ihnen, Herr Lajtnant, vorgenommen, daß er nichts trinken wird, womit er sich betrinken könnt. So hat er Ihnen also noch ein Stamperl auf den Weg getrunken und is von dem Haus weggegangen, solche alkoholfreie Getränke suchen. Zuerst hat er sich Ihnen also im Wirtshaus ‚Zur Station‘ aufgehalten, hat sich dort ein Viertel Wermut geben lassen und hat angefangen, den Wirt unauffällig auszufragen, was diese Abstinenzler eigentlich trinken. Er hat ganz richtig geurteilt, daß reines Wasser halt auch für Abstinenzler ein hartes Getränk is. Der Wirt hat ihm also erklärt, daß die Abstinenzler Sodawasser, Limonade, Milch und dann Wein ohne Alkohol trinken, kalte Wassersuppe und andere alkoholfreie Getränke. Davon hat dem alten Wejwoda doch nur der alkoholfreie Wein am besten gefalln. Er hat noch gefragt, ob es auch alkoholfreien Schnaps gibt, hat noch ein Viertel getrunken, hat mitn Wirten davon gesprochen, daß es wirklich eine Sünde is, sich oft zu besaufen, worauf ihm der Wirt gesagt hat, daß er alles auf der Welt verträgt, nur nicht einen Besoffenen, was sich anderwärts besauft und dann zu ihm kommt, damit er bei einer Flasche Sodawasser nüchtern wird und noch Krawall schlägt. ‚Besauf dich bei mir,‘ sagt der Wirt, ‚dann bist du mein Mann, aber sonst kenn ich dich nicht.‘ Der alte Wejwoda hat also ausgetrunken und is weitergegangen, bis er Ihnen, Herr Lajtnant, am Karlsplatz in eine Weinhandlung gekommen is, wo er auch manchmal eingekehrt is, und dort gefragt hat, ob sie nicht alkoholfreien Wein ham. ‚Alkoholfreien Wein hamr nicht, Herr

Wejwoda,‘ hat man ihm gesagt, ‚aber Wermut oder Sherry.‘ Dem alten Wejwoda war irgendwie eine Schande, so hat er dort ein Viertel Wermut und ein Viertel Sherry getrunken, und wie er so sitzt, wird er Ihnen, Herr Lajtnant, auch mit so einem Abstinenzler bekannt. Ein Wort gibt das andere, sie trinken jeder noch ein Viertel Sherry und schließlich kommts heraus, daß dieser Herr einen Ort kennt, wo man alkoholfreien Wein verzapft. ‚Es is in der Bolzanogasse, man geht über Stufen hinunter und ein Grammophon is auch dort.‘ Für diese Nachricht hat der alte Wejwoda eine ganze Flasche Wermut aufn Tisch kommen lassen, und dann sind beide in die Bolzanogasse gegangen, wo man über Stufen hinuntergeht und wos ein Grammophon gibt, und wirklich, dort hat man lauter Obstwein verzapft, nicht nur spiritusfreien, sondern sogar ohne Alkohol. Zuerst hat sich jeder einen halben Liter Stachelbeerwein geben lassen, dann einen halben Liter Ribislwein, und wie sie noch einen halben Liter alkoholfreien Stachelbeerwein ausgetrunken ham, sind ihnen nach allen den früheren Wermuts und Sherrys die Füße eingeschlafen, sie ham angefangen zu schreien, man soll ihnen die amtliche Bestätigung bringen, daß das, was sie hier trinken, alkoholfreier Wein is. Daß sie herich Abstinenzler sind, und wenn mans ihnen herich nicht gleich bringt, wern sie hier herich alles mitsamtn Grammophon zerdreschen. Dann ham die Polizisten beide über die Stufen in die Bolzanogasse hinaufziehn müssen, und ham sie in die Gemeindetruhe legen und in die Separation werfen müssen. Und zum Schluß hat man dann beide als Abstinenzler wegen Trunkenheit verurteiln müssen.“

„Ich weiß selbst nicht, wie ich auf den blöden Einfall hab kommen können, von so was zu sprechen. Entweder is das angeborene Blödheit oder es sind Erinnerungen aus der Jugend.“

„Es gibt auf unserer Erdkugel verschiedene Naturelle, Herr Oberlajtnant, und er hat doch nur Recht gehabt, der Koch Jurajda, wie er damals in Bruck besoffen war und in den Abort gefalln is und nicht hat von dort herauskriechen können, und geschrien hat: ‚Der Mensch is dazu bestimmt und berufen, die Wahrheit zu erkennen, um durch seinen Geist in der Harmonie des ewigen Alls zu herrschen, sich fortwährend zu entwickeln und zu bilden und allmählich in die höheren Sphären einer intelligenteren und liebeerfüllten Welt einzugehn.‘ Wie wir ihn dort ham herausziehn wolln, so hat er Ihnen gekratzt und gebissen. Er hat gedacht, daß er zu Haus is, und erst wie wir ihn wieder hineingeworfen ham, dann hat er erst angefangen zu betteln, wir solln ihn von dort herausziehn.“

„Ich hab Ihnen doch gesagt, Herr Oberlajtnant, das, was ich Ihnen erzähln wer, is schrecklich blöd. Jeder kann nicht gescheit sein, die Dummen müssen eine Ausnahme machen, weil, wenn jeder gescheit wäre, so wär auf der Welt so viel Verstand, daß jeder zweite Mensch davon ganz blöd wär.“

„Wenn zum Beispiel, melde gehorsamst, Herr Oberlajtnant, jeder die Naturgesetze kennen möcht und sich die himmlischen Entfernungen ausrechnen könnt, so möcht er nur seine Umgebung belästigen, so wie ein gewisser Tschapek, was ins Wirtshaus zum ‚Kelch‘ gegangen is, und in der Nacht immer ausn Ausschank auf die Gasse herausgegangen is und am bestirnten Himmel herumgeschaut hat, und wie er zurückgekommen is, von einem zum andern gegangen is und gesagt hat: ‚Heute scheint der Jupiter herrlich, du weißt gar nicht, Kerl, was du überm Kopf hast. Das sind Entfernungen; wenn man dich aus einer Kanone schießen möcht, du Lump, möchtest du mit der Geschwindigkeit einer Kanonenkugel Millionen und Millionen Jahre hin brauchen.‘ Er war dabei so ordinär, daß er dann gewöhnlich selbst ausn Wirtshaus herausgeflogen is mit der gewöhnlichen Geschwindigkeit einer Elektrischen, ungefähr zehn Kilometer in der Stunde.“

„Das is Gewohnheit, Herr Oberlajtnant, das kommt davon, daß wir uns zusamm schon lange kennen und daß wir schon hübsch viel zusamm erlebt ham. Wir ham schon was zusamm durchgemacht, und immer sind wir dazugekommen wie ein blindes Huhn zu einem Korn. Das is Schicksal, melde gehorsamst, Herr Oberlajtnant. Was seine Majestät der Kaiser lenkt, lenkt er gut, er hat uns zusammengegeben, und ich wünsch mir auch nichts, als daß ich Ihnen einmal recht nützlich sein möcht.“

„Das machen die Wanzen, Herr Oberlajtnant. Es is schon ein alter Aberglaube, daß die Pfarrer Wanzen gebären. Nirgends finden Sie so viel Wanzen wie in Pfarren. In der Pfarre in Oberstadeln hat der Pfarrer Zamastil sogar ein ganzes Buch über Wanzen geschrieben, sie sind sogar bei der Predigt auf ihm herumgekrochen.“

„Das nennt man eine Situation retten. Es muß einem gleich was einfalln, und schon is gut. Gegenüber den Karmelitern in Prag, Herr Oberlajtnant, hat ein gewisser Herr Jenom vor Jahren ein Geschäft mit Kaninchen und andern Vögeln gehabt. Der hat sich eine Bekanntschaft mit der Tochter vom Buchbinder Bilek gemacht. Der Herr Bilek hat diese Bekanntschaft nicht leiden wolln und hat auch öffentlich im Wirtshaus erklärt, daß, wenn Herr Jenom um die Hand seiner Tochter anhalten möcht, daß er ihn die Stiegen hinunterwirft, daß es die Welt nicht gesehn hat. Drauf hat der Herr Jenom sich Mut angetrunken und is doch zum Herrn Bilek gegangen, was ihn im Vorzimmer mit einem großen Messer empfangen hat, womit sie den Buchrand beschnitten ham, was ausgesehn hat wie ein Mordwerkzeug. Er hat ihn angebrüllt, was er hier will, und in diesem Augenblick hat Ihnen der Herr Jenom so stark gefurzt, daß die Pendeluhr an der Wand stehngeblieben is. Der Herr Bilek hat zu lachen angefangen, hat ihm gleich die Hand gereicht und war nur lauter: ‚Bitte, kommen Sie weiter, Herr Jenom, bitte, setzen Sie sich, am Ende ham Sie sich nicht bemacht - ich bin ja nicht so ein böser Mensch, es is wahr, daß ich Sie hab herauswerfen wolln, aber jetzt seh ich, daß Sie ein ganz angenehmer Herr sind, Sie sind ein Original. Ich bin Buchbinder und hab viele Romane und Geschichten gelesen, aber in keinem Buch hab ich gelesen, daß sich ein Bräutigam so vorstelln möcht.‘ Er hat dabei gelacht, daß er sichn Bauch gehalten hat und hat Ihnen voller Freude gesagt, daß es ihm vorkommt, wie wenn sie sich seit ihrer Geburt kennen möchten, wie wenn sie Brüder wären, er hat ihm gleich eine Zigarre gebracht, hat um Bier und Würstl geschickt, hat die Frau gerufen und hat ihr ihn mit allen

Einzelheiten von diesem Furz vorgestellt. Die Frau hat ausgespuckt und is weggegangen. Dann hat er die Tochter gerufen und sagt ihr: ‚Dieser Herr is unter den und den Umständen um deine Hand anhalten gekommen.‘ Die Tochter hat gleich zu weinen angefangen und hat erklärt, daß sie ihn nich kennt, daß sie ihn nicht mal sehn will; so is nichts anderes übriggeblieben, wie daß beide das Bier ausgetrunken und die Würstl aufgegessen ham und auseinandergegangen sind. Dann hat der Herr Jenom noch im Wirtshaus Schkandal gehabt, wohin der Herr Bilek immer gegangen is, und zum Schluß hat man ihn überall im ganzen Viertel nicht anders genannt wie ‚Der Scheißer Jenom‘ und hat sichs überall erzählt, wie er die Situation hat retten wolln.“

„Das menschliche Leben, melde gehorsamst, Herr Oberlajtnant, is so kompliziert, daß das bloße Leben von einem einzelnen Menschen dagegen ein Hader is.“

„Einmal is der Selcher Křenek aus den Weinbergen nachn Plan von der Stadt Prag vom Gasthaus ‚Montag‘ auf der Kleinseite in der Nacht nach Haus auf die Weinberge gegangen und is gegen früh nach Rozdělov bei Kladno gekommen, wo man ihn gegen früh ganz erstarrt im Korn gefunden hat, in das er vor Müdigkeit gefalln is.“

„Der da erfüllt zwar seine Pflicht, aber dabei bringt er sich selbst in Gefahr. Da ham dir mal im Böhmerwald in einem Steinbruch die Arbeiter Dynamitzünder gestohlen, damit sie Vorrat aufn Winter ham, wenn sie Bäume sprengen. Der Wächter in den Steinbrüchen hat Befehl bekommen, wenn die Arbeiter aus der Arbeit gehn, daß er jedem die Taschen durchsucht, und hats dir mit so viel Liebe gemacht, daß er gleich den ersten Arbeiter gepackt hat und angefangen hat, ihm so leidenschaftlich auf die Taschen zu klopfen, daß dem die Dynamitzünder in der Tasche explodiert sind und beide samtn Wächter in die Luft geflogen sind, so daß es ausgesehn hat, wie wenn sie sich noch im letzten Moment um den Hals nehmen möchten."

„Also du bist ein Tatar, na, du bist aber gelungen. Dann sollst du mich verstehn und ich dich, wenn du ein Tatar bist. Hm - kennst du den Jaroslav von Sternberg? Den Namen kennst du nicht, Junge, tatarischer? Der hat euch doch bei Hostein den Hintern verdroschen. Damals seid ihr, Jungens, tatarische, im Laufschritt von uns aus Mähren gesaust. Wahrscheinlich lernt mans euch nicht so in euren Lesebüchern, wie mans uns gelernt hat. Kennst du die Hosteiner Jungfrau Maria? Versteht sich, daß du sie nicht kennst - die war auch dabei; na wart, Junge, sie wern euch schon in der Gefangenschaft taufen." (Einer alten Legende nach hatten Tataren bei Hostein eine vernichtende Niederlage erlitten.)

Ein Offizier habe einen Diener gehabt, der so gehorsam war, daß er alles tat, was sein Herr wünschte, und als man ihn einmal fragte, ob er mit einem Löffel auffressen würde, was sein Herr ausscheißt, wenn es dieser befehlen sollte, da habe er gesagt: „Wenn mirs mein Herr Lajtnant befehln möcht, möcht ichs auf Befehl auffressen, aber ich dürft kein Haar drin finden, davor ekel ich mich schrecklich, da möcht mir gleich schlecht wern."

„Gehupft wie gesprungen. Da hamr uns euch mal im Wirtshaus ‚Na Zavadilce‘ in Lieben miteinander gestritten, ob wir einen ewissen Hutmacher Waschak, was immer bei der Unterhaltung einen Radau angefangen hat, gleich, wie er sich in der Tür zeigt, herauswerfen solln, oder ob wir ihn erst herauswerfen solln, bis er ein Bier hat, bezahlt und austrinkt, oder bis er zum erstenmal eine Runde getanzt hat. Der Wirt wieder hat vorgeschlagen, daß wir ihn erst mitten in der Unterhaltung herauswerfen solln, bis er eine Zeche haben wird, daß er dann bezahlen und gleich heraus muß. Und wißt ihr, was uns der Lump angestellt hat? Er is nicht gekommen. Was sagt ihr da dazu?“

Maul- und Klauenseuche

Unter den Anfragen, die man an den Kandidaten der Partei des gemäßigten Fortschritts richtete, gab es die verschiedensten, darunter sogar Anspielungen auf Haschecks bisheriges Leben. Und so fragte der künftige Wähler beispielweise auch: „Was hält denn der Herr Kandidat von der Maul- und Klauenseuche?"

Die Antwort lautete: „Dies ist eine außerordentlich blöde Frage. Man weiß nicht, ob sich der Fragesteller für die Geschichte dieser furchtbaren Krankheit interessiert, für ihre Ausbreitung oder für ihre Heilung. Doch weil ich als gewissenhafter Kandidat auf den Erfolg, die Bildung und die Gesundheit meiner Wähler bedacht bin, werde ich erschöpfend antworten. Bereits die Griechen und Römer, ja sogar die Babylonier und Perser kannten die Maul- und Klauenseuche. Während der Völkerwanderung wütete die Seuche unter dem ostgotischen Vieh, im Dreißigjährigen Krieg dezimierte sie deutsches, schwedisches und wallonisches Vieh, und im Siebenjährigen Krieg war sie der Schrecken des preußischen Viehs. Heutzutage grasiert die Maul- und Klauenseuche auch in den höchsten Kreisen. Sollten Sie also mit der Heilbehandlung beginnen, dann empfehle ich, 200 Gramm Kreosot in zwei Liter destilliertem Wasser aufzulösen und dann den Rachen nicht nur des kranken Tieres damit auszuspülen, sondern auch den des Gemeindebürgermeisters!"

„Sie ham entschieden Sumpfwasser trinken müssen, wie der junge Tynezkej von uns, was ein ganz vernünftiger Mensch war, aber einmal eine Reise unternommen hat und bis nach Italien gekommen is. Wenn er in der Zeit, wo dieses Sumpffieber über ihn gekommen is, im Wirtshaus gesessen is, so hat er alle Gäste erkannt, alle hat er auf dem Dampfer gesehn gehabt, mit dem er nach Venedig gefahren is. Dagegen hats aber kein anderes Mittel gegeben, als was ein neuer Wärter in der Prager Irrenanstalt gemacht hat. Er hat einen Geisteskranken in Pflege bekommen, was den ganzen lieben Tag nichts anderes gemacht hat, als in einem Winkel sitzen und zählen: ‚Eins, zwei, drei, vier, fünf, sechs', und wieder vom Anfang: ‚Eins, zwei, drei, vier, fünf, sechs.' Es war irgendein Professor. Der Wärter hat vor Wut aus der Haut fahren können, wie er gesehn hat, daß dieser Narr nicht über Sechse herauskommen kann. Zuerst hat er im guten mit ihm angefangen, er soll sagen: ‚Sieben, acht, neun, zehn.' Aber woher! Der Professor hat sich nicht die Bohne drum geschert. Er sitzt im Winkerl und zählt: ‚Eins, zwei, drei, vier, fünf, sechs!' Und wieder: ‚Eins, zwei, drei, vier, fünf, sechs!' So hat der Wärter Wut gekriegt, is auf seinen Pflegling zugesprungen und hat ihm, wie dieser ‚sechs' gesagt, einen Watschen gegeben. ‚Da hast du sieben,' sagt er, ‚und da hast du acht, neun, zehn.' Soviel Zahlen, soviel Ohrfeigen. Der Professor hat sich am Kopf gepackt und hat gefragt, wo er is. Wie er ihm gesagt hat, daß im Irrenhaus, hat er sich schon an alles erinnert, daß er wegen irgendeinem Kometen ins Irrenhaus gekommen ist, wie er ausgerechnet hat, daß er übers Jahr am 18. Juni, um sechs Uhr früh, auftauchen wird, und man ihm bewiesen hat, daß sein Komet schon vor vielen Millionen Jahren verbrannt is. Den Wärter hab ich gekannt. Wie der Professor ganz zu sich gekommen is und man ihn entlassen hat, hat er sich ihn als Diener zu sich genommen. Er hat nichts anderes zu tun gehabt, wie dem Herrn Professor jeden Morgen vier Watschen herunterzuhaun, was er gewissenhaft und genau ausgeführt hat."

„Zudem sind wir Soldaten, dazu ham uns unsere Mütter geboren, damit man uns auf Nudeln zerhackt, bis man uns die Montur anzieht. Wir wern für Seine Majestät den Kaiser und sein Haus falln, für das wir die Herzegowina erobert ham."

„Melde gehorsamst, Herr Major, daß das keine Dummheit is, Seine Majestät den Kaiser zu verraten. Wir Kriegsvolk ham Seiner Majestät dem Kaiser Treue geschworen, und diesen Eid, wie man im Theater gesungen hat, hab ich als treuer Mann erfüllt."

Feldkurat Martinec glaubte, daß er als geistlicher Tröster der Verwundeten und Sterbenden auf dem Schlachtfeld auch die Sünden seines gottvergessenen Pfarrers sühne, der ihn, wenn er des Nachts nach Hause kam, unzähligemal geweckt und gesagt hatte: „Hänschen, Hänschen! Ein dralles Mädl, das ist mein ganzes Glück."

„Da ham Sie vielleicht eine gewisse Rosa Gandes gekannt, Herr Feldkurat, sie war vorvoriges Jahr in einer Weinstube in der Plattnergasse in Prag angestellt und hat Ihnen auf einmal achtzehn Männer auf Paternität geklagt, weil ihr Zwillinge geboren worn sind. Der eine von diesen Zwillingen hat ein Aug blau gehabt und das andere war braun, der zweite Zwilling hat ein Aug grau und das andere schwarz gehabt, so hat sie angenommen, daß dran schon vier Herren mit solchen Augen angaschiert sind, was in die Weinstube gegangen sind und etwas mit ihr gehabt ham. Einer von den Zwillingen wieder hat ein krummes Beinchen gehabt wie ein

Magistratsrat, was auch hingegangen is, und das andere hat wieder sechs Zehen auf einem Fuß gehabt, wie ein Abgeordneter, was dort täglich Gast war. Und jetzt stelln Sie sich vor, Herr Feldkurat, daß achtzehn solche Gäste hingegangen sind, und die Zwillinge ham von jedem ein Merkmal gehabt, von allen achtzehn, mit denen sie entweder in Privatzimmer oder ins Hotel gegangen is. Zum Schluß hat das Gericht entschieden, daß der Vater bei so einem Andrang unbekannt is, und sie hats zum Schluß auf den Weinstubenbesitzer geschoben und hat den Weinstubenbesitzer geklagt, bei dem sie gedient hat, aber er hat bewiesen, daß er schon über zwanzig Jahre auf Grund einer Operation bei irgendeiner Entzündung der unteren Extremitäten impotent is.“

„Wie ich in der Opatowitzergasse gewohnt hab, so hab ich dort einen Kameraden, einen gewissen Faustin, gehabt, einen Portier aus einem Hotel. Er war ein sehr braver Mensch, ehrlich und strebsam. Wos ein Straßenmädl gegeben hat, hat ers gekannt, und Sie hätten zu jeder beliebigen Nachtzeit zu ihm ins Hotel kommen können und ihm sagen: ‚Herr Faustin, ich brauch ein Fräulein,‘ und er hätt Sie gleich gewissenhaft gefragt, ob Sie eine Blondine haben wolln oder eine Brünette, kleiner, größer, dünn, dick, eine Deutsche, eine Tschechin oder eine Jüdin, ledig, geschieden oder eine verheiratete Frau, intelligent oder ohne Intelligenz.

Er hat seine Taxe gehabt: Blaue Augen ham einen Sechser gekostet, schwarze fünfzehn Kreuzer, und er hat das alles geradezu detailliert, wie eine Rechnung hat ers auf einem Stückel Papier ausgerechnet, was er dem Gast gereicht hat. Es waren sehr mäßige Vermittlungsgebühren. Auf ein Frauenzimmer ohne Intelligenz hats einen Zuschlag von einem Sechser gegeben, weil er von dem Grundsatz ausgegangen is, daß so ein ordinäres Weserl mehr unterhält als irgendeine gebildete Dame.“

„Im Bräuhaus in Ouřinowetz war Ihnen ein Tischler, der hat immer bis sechs Uhr früh geschlafen, wenn er aber verschlafen hat, meinetwegen nur ein Viertelstündchen, bis Viertel sieben, so hat er dann schon bis Mittag geschlafen, und das hat er so lang gemacht, bis man ihn aus der Arbeit herausgeworfen hat, und er hat Ihnen dann vor Wut das Verbrechen der Beleidigung der Kirche und eines Mitglieds unseres Herrscherhauses begangen.“

„Eine Paradeoffiziersmütze, das is so wie ein Zylinder. Aufn Zylinder schlafen, das hat nur ein gewisser Herr Karderaz in Loděnic getroffen. Der hat sich im Wirtshaus auf die Bank ausgestreckt, hat sich den Zylinder untern Kopf gegeben, er hat nämlich bei Begräbnissen gesungen und is auf jedes Begräbnis im Zylinder gegangen; er hat sich also hübsch den Zylinder untern Kopf gegeben und hat sich suggeriert, daß er ihn nicht durchdrücken darf, und hat die ganze Nacht auf irgendeine Art mit einem unbedeutenden Körpergewicht über ihm geschwebt, so daß es dem Zylinder überhaupt nicht geschadet hat, sondern noch eher genützt hat, weil er ihn, wie er sich von einer Seite auf die andere umgedreht hat, langsam mit seinen Haaren gebürstet hat, bis er ihn ausgebügelt gehabt hat."

„Melde gehorsamst, daß ich wirklich manchmal an mir selbst bemerk, daß ich schwachsinnig bin, besonders so gegen Abend..."

„No, da kannst du grad nicht viel, Na Bojischti hat in einer Kellerwohnung der Straßenkehrer Machatschek gewohnt, der hat sich aufs Fenster geschneuzt und hats so geschickt verschmiert, daß draus ein Bild geworn is, wie Libuscha den Ruhm der Stadt Prag prophezeit. Für jedes Bild hat er von der Frau so ein Staatsstipendium gekriegt, daß er ein Maul gehabt hat wie ein Schlauch, aber er hats nicht gelassen und hat sich drin fort vervollkommnet. Es war auch sein einziges Vergnügen."

„Wo hast du die Dokumente?"

Schwejk legte sie dem Oberleutnant vor, und als sich dieser von der Richtigkeit der Marschroute Schwejks, von seinem

Brigadestab nach Zoltanecz zu seiner Kompanie, überzeugt hatte, gab er sie Schwejk wieder zurück und sagte huldvoll zu dem Korporal am Tisch: „Geben Sie ihm Informationen“, worauf die Tür zur Kanzlei wieder geschlossen wurde.

Nachdem die Tür hinter dem Oberleutnant zugefallen war, packte der Stabsfeldwebel Schwejk an der Schulter, führte ihn zur Türe und erteilte ihm folgende Information: „Schau, daß du verschwindest, du Stinkvieh!“

„Die Hauptsache is, klar sprechen. Man soll immer klar und deutlich sprechen, und nicht in solchen Schnörkeln. Bei der Gastwirtschaft ‚Brejschka‘ war vor Jahren ein Kellermeister, und der hat in der Gewohnheit gehabt, wenn er in Wut war und nach der Arbeit nach Haus gegangen is, sich in einem Nachtcafé aufzuhalten und fremden Gästen zuzutrinken und immer beim Zutrinken zu sagen: ‚Wir wern uns auf euch, ihr werdet euch auf uns...‘ Dafür hat er mal von einem anständigen Herrn aus Iglau so eins übers Maul gekriegt, daß der Cafetier früh, wie er die Zähne ausgekehrt hat, sein Töchterchen gerufen hat, was in die fünfte Volksschulklasse gegangen is, und sie gefragt hat, wieviel Zähne ein erwachsener Mensch im Mund hat. Weil sies nicht gewußt hat, so hat er ihr zwei Zähne herausgeschlagen, und am dritten Tag hat er eine Zuschrift vom Kellermeister gekriegt, in der sich dieser für alle Unannehmlichkeiten entschuldigt hat, daß er nichts Ordinäres hat sagen wolln, aber daß man ihn immer mißversteht, weil es eigentlich lauten soll: ‚Ihr werdet euch auf uns, wir wern uns auf euch nicht ärgern!‘ Wer zweideutige Sachen redet, muß sichs zuerst überlegen. Ein aufrichtiger Mensch, wer spricht, wie ihm der Schnabel gewachsen ist, kriegt selten übers Maul. Und wenns ihm paarmal passiert ist, dann gibt er sich überhaupt acht und hält lieber in Gesellschaft die Goschen.“

„In Nusle (Stadtviertel) lebte ein gewisser Herr Hauber, den hat man mal Sonntag in Kundratitz auf der Straße aus Versehn mitn Messer gestochen, wie er von einem Ausflug von der Bartůnek-Mühle heimgegangen is. Und er ist mit dem Messer im Rücken nach Haus gekommen, und wie ihn seine Frau den Rock ausgezogen hat, hat sies ihm hübsch ausn Rücken herausgezogen, und vormittag hat sie schon mit dem Messer Fleisch auf Gulasch zerschnitten, weil es aus Solinger Stahl und gut geschliffen war und sie lauter stumpfe Messer zu Haus gehabt ham. Sie ham dann eine ganze Garnitur von solchen Messern in die Wirtschaft ham wolln und hat ihn immer Sonntag auf einen Ausflug nach Kundratitz geschickt, aber er war so bescheiden, daß er nirgends woanders hingegangen ist als zu ‚Banzet' nach Nusle, denn wenn er dort in der Küche gesessen ist, hat er gewußt, daß ihn der Wirt Banzet herauswirft, bevor ihn jemand anrühren kann."

Haschek als Redakteur des „Tschechischen Wortes“

Weil keine andere Anstellung zu haben war, wurde Haschek Lokalberichterstatter des „Tschechischen Wortes“. Seine Aufgabe war es, über „gebrochene Beine“ zu schreiben, über alles, was sich an dem jeweiligen Tag in Prag zutrug. Haschek verstand es, diese trockenen Nachrichten so zu redigieren, daß sie eher wie Grotesken und Kuriositäten klangen. Eines Tages brachte die Zeitung folgende Lokalnachricht:

Der Fall zweier Ochsen. Die Bediensteten des Viehgroßhändlers Žák auf den Königlichen Weinbergen entluden auf dem Franz-Joseph-Bahnhof Vieh, wobei ihnen zwei Ochsen ausrissen. Ein Ochse flüchtete in den Tunnel unterhalb vom Žižkaberg, wurde dort von einem Zug erfaßt und getötet. Der zweite Ochse ging zur Staatsanwaltschaft.

Eine andere Nachricht auf der Lokalseite war satirisch abgefaßt:

Ein Opfer des Antimilitarismus. Der Bürgersteig in der Palacký-Allee in Wrschowitz ist sehr antimilitaristisch. Auf ihm rutschte gestern Franz Kahl aus, Leutnant des 73. Infanterieregiments, und verrenkte sich den Fuß. Gegen den Bürgersteig läuft ein strenges Ermittungsverfahren.

Einige Lokalnachrichten, die Haschek humoristisch gemeint hatte, zogen unselige Folgen nach sich. So druckte er zum Beispiel eine kurze Notiz über einen Brand in der Fleischerei von Herrn Filipek in der Hyberner Gasse ab. Die Meldung schloß er mit den Worten: „Das Feuer verursachte beträchtliche Aufregung, und lebhaft diskutierte man, warum das Mehl in den Würstchen mit so elementarer Kraft Feuer gefangen hatte."

Am andern Tag kamen drei Herren in die Redaktion des Tschechischen Wortes in der Goldenen Gans (wo Haschek auch zu übernachten pflegte): der Fleischer Herr Filipek, sein Vater und sein Großvater, der Firmengründer. Der alte Herr forderte seinen Sohn und seinen Enkel auf, dem Herrn Redakteur eine Ohrfeige zu verabreichen, da er ihr Gewerbe zunichte gemacht hatte. Während der Enkel nur sentimental rief: „So kosten Sie doch unsere Würstchen!", trat der Großvater gegen die Tür und schrie: „Von wegen Mehl in den Würstchen, ich werde es dir schon zeigen!" Redakteur Haschek berief sich indessen auf den „verantwortlichen" Redakteur, und das Wort „verantwortlich" gefiel den Geschädigten so sehr, daß sie ihre Wut auf diesen übertrugen. Der unglückliche Lokalberichterstatter Haschek war noch einmal davongekommen.

„Du hast dich gar nicht verändert“, sagte der Einjährig-freiwillige zum Schwejk.

„Nicht verändert, ich habe keine Zeit dazu gehabt.“

„Zu Haus, wenn wir geschlachtet ham“, erklärte Baloun weinerlich, während er die kleine Blutwurst verspeiste, „hab ich zuerst ein tüchtiges Stück Wellfleisch aufgegessen, den ganzen Rüssel, das Herz, ein Ohr, ein Stück Leber, die Niere, die Milz, ein Stück Schlegel, die Zunge und dann...

Und dann sind die Leberwürste gekommen, sechs Stück, zehn Stück und dickbäuchige Blutwürste mit Graupen und Semmeln, daß du gar nicht weißt, wohinein man zuerst beißen soll, in die aus Semmeln oder in die aus Graupen. Alles zerfließt auf der Zunge, alles duftet, und der Mensch frißt und frißt.“

„Was meinen Sie, Schwejk, wird der Krieg lange dauern?“

„Fünfzehn Jahre“, antwortete Schwejk. „Das ist selbstverständlich, weils schon einmal einen dreißigjährigen Krieg gegeben hat, und wir jetzt um die Hälfte gescheiter sind wie früher, also 30:2 = 15.“

„Wenn schon Krieg, so solls ein ordentlicher Krieg sein. Ich wer entschieden nicht früher von Frieden reden, solang wir nicht in Moskau und in Petersburg sind. Das steht doch nicht dafür, wenns schon einen Weltkrieg gibt, nur hinter den Grenzen herumzustänkern. Nehmen wir zum Beispiel die Schweden während dem

Dreißigjährigen Krieg. Von wo waren die her und sind doch bis zu Deutsch-Brod und Lipnitz gekommen und ham dort so eine Bresche geschlagen, daß man dort noch heut in den Gasthäusern nach Mitternacht schwedisch spricht, so daß sich gegenseitig niemand versteht. Oder die Preußen, die waren auch nicht grad Nachbarn, und in Leipnik gibts nach ihnen Preußen in Überfluß. Sie sind bis nach Jedouch und nach Amerika gekommen und wieder zurück."

„In Neuhaus gabs vor Jahren einen Selcher namens Josef Linek und der hat auf dem Regal zwei Schachteln stehn gehabt. In einer war eine Mischung von allen Gewürzen, was er in Leberwürste und Blutwürste gegeben hat. In der zweiten Schachtel war Insektenpulver, weil dieser Selcher paarmal festgestellt hat, daß seine Kundschaften in einer Wurst eine Wanze oder einen Schwaben zerbissen ham. Er hat immer gesagt, was die Wanzen betrifft, so ham sie den würzigen Geschmack von bittern Mandeln, was man in Gugelhupf gibt, daß aber Schwaben in Würsten stinken wie eine alte, verschimmelte Bibel. Drum hat er in seiner Werkstatt auf Sauberkeit gehalten und hat überall dieses Insektenpulver gestreut. Einmal macht er euch Blutwürste und hat dabei Schnupfen gehabt. Er packt die Schachtel mit dem Insektenpulver und schüttet sie in die Wurstfülle, und seit der Zeit hat man in Neuhaus nur beim Linek Leberwürste gekauft. Die Leute ham sich geradezu um sie gerissen. Und er war so gscheit, daß er draufgekommen is, daß es dieses Insektenpulver macht, und seit der Zeit hat er sich per Nachnahme ganze Kisten von diesem Pulver bestellt, nachdem er vorher die Firma, von der er es gekauft hat, drauf aufmerksam gemacht hat, daß sie auf die Kiste aufschreiben soll ‚Indisches Gewürz'. Das war sein Geheimnis, mit dem is er ins Grab gegangen, und das interessanteste dran is, daß bei den Familien, wo man seine Blutwürste gekauft hat, alle Schwaben und Wanzen ausgewandert sind. Seit der Zeit gehört Neuhaus zu den reinsten Städten in ganz Böhmen."

Fortsetzung von Karl Vaněk:

„Ich wollt nur sagen, melde gehorsamst, daß auch so ein Tod für mich schön und gut wär. Der Tod aus den Händen seines Herrn soll süß sein. Ich hab mal in einem Kalender so eine Geschichte darüber gelesen, Herr Oberlajtnant; sie war sehr schön und rührend. Da war Ihnen ein Marquis in Frankreich, und der hat einen Lakaien gehabt, einen alten Kammerdiener; und wie dann dort die Revolution ausgebrochen is und die Bauern überall in den Schlössern angefangen ham zu plündern, hat der Marquis aus Versehen diesen Kammerdiener erschossen. Und wies mitm Kammerdiener schon zu

Ende gegangen is und der Marquis um den Doktor schicken wollt, hat der Lakai gesagt: ‚Schicken Sie nirgends hin, Euer Gnaden, ich sterbe gern. Ham Sie denn nicht, wie Sie mich in den Bauch geschossen ham, und ich aufgebrüllt hab, geschrien: Mon dieu! Das bis du, José? Pardon! Das genügt mir.‘ Und er is gestorben, total gestorben.“

„In Radlitz hat eine Kohlenfrau gelebt, und die hat immer gesagt: ‚Gott macht nie nicht so was Arges, daß er nicht was Ärgeres machen könnt.‘“

„Nämlich, Kamerad, Strenge auf arme Leute muß auch beim Militär sein; wohin möcht die Welt kommen, wenn man den Menschen alles erlauben möcht?“

„So kommt zum Beispiel die Frau von einem Maurer zu ihm, der Mann is ihr immer den ganzen Winter mit Rheumatismus gelegen, der Doktor soll ihr einen Zettel an die Kassa aufschreiben; der Doktor unterschreibt und fragt: ‚Wie geht‘s dem Alten?‘ - ‚Fort schlecht, gnädiger Herr‘, raunzt die Alte; ‚wenn‘s fort friert und keine Arbeit is.‘ - ‚Und nimmt er die Pulver ein, was ich ihm verschrieben hab?‘ fragt der Doktor und schreibt was aufn Tisch. - ‚Die nimmt er ein.‘ - Also grüßen Sie ihn, Mutter!‘ - Aber die Alte geht nicht und fragt den Doktor: ‚Gnä‘ Herr, wärs nicht gut, wenn ich ihn einreiben möcht?‘ - ‚Reiben Sie ihn ein, Mutter!‘ - ‚Und wenn ich ihm Kamillentee und Lindenblütentee kochen möcht?‘ - ‚Kochen Sie ihm, was Sie wolln, Mutter!‘ - Aber gnä Herr, die Nachbarin hat gesagt, daß ihm besser wär, wenn er die Pulver nicht einnehmen möcht. Was glauben Sie, gnä Herr?‘ Das hat der Doktor nicht mehr ausgehalten und hat mit der Feder auf die Erde gehauptet: ‚Mutter, ich hab 20 Jahre studiert, und 20 Jahre bin ich Doktor, aber folgen Sie dieser Frau, und mein Diplom hängen Sie sich aufs Klosett.‘“

„Dort in Brünn zur ‚Blauen Nudel‘, holariholaho,
Tanzt ein ganzes Hurenrudel, holariholadrila.
Ich bin auch hineingerückt, holariholaho,
Hab mir eine aufgezwickt, holariholadrila.
Hab zwei Sechser ihr gegeben, holariholaho.
Bin die Nacht bei ihr gelegen, holariholadrila.
Montag ins Spital gekrochen, holariholaho,
Weil mein Pfeifenrohr gebrochen, holariholadrila.
Der Herr Doktor ist gekommen, holariholaho,
Fragt mich, wo ich das bekommen, holariholadrila.
Hab‘s gekriegt von einer Schnudel, holariholaho,
Dorten in der ‚Blauen Nudel‘, holariholadrila.“

„Ich geh zu keiner ‚Sensation‘ nicht, aber ich hab davon von einem Mediziner gehört, was bei ihr gewohnt hat. Nämlich dieser Mediziner hat‘s aus wissenschaftlichem Interesse ausprobieren wolln und hat sich der Frau Marschalek angeboten, daß er ihr das Medium abgeben wird, und wenn er betrunken im ‚Kelch‘ gesessen is, hat er gern davon erzählt. So ist die Frau von einem Advokaten hingekommen, daß ihr herich geträumt hat, daß ihr Mann, welcher gestorben is, in ein Pferd hat wandern müssen. Sie hat also einen Zehner gegeben, und die Frau Marschalek is den Mediziner wecken gegangen, er soll das Medium machen. Der Mediziner war aber noch vom Tag vorher besoffen und sehr verdrießlich; er is gleich eingeschlafen, und die Frau Marschalek hat ihn in die Rippen stupsen müssen, damit er antwortet. Und wie der Geist in ihn gefahren is, hat er auch wirklich gesagt, daß er fühlt, daß er in einem Pferd is und daß es eine Strafe is. Die Frau von dem Advokaten is ohnmächtig geworn und hat gefragt, wie lang die Seele in dem Pferd sein wird; die Frau Marschalek hat den Mediziner in die Rippen gestupst, und er hat geantwortet: ‚So lang, so lang ich mir nicht alle Eigenschaften von einem Pferd angeeignet hab.' - ‚Und hast du noch viel zu lernen, Schatzerl?' hauchte die Frau, was vor Entsetzen fast besinnungslos war. ‚Nicht mehr viel, ich kann schon Hafer fressen, aus einem Eimer trinken, Heu kauen, im Stehn schlafen; meine Seele wird befreit wern', deklamierte der Mediziner, ‚bis ich noch gelernt haben wer, im Laufen zu furzen; das treff ich noch nicht.' Dann hat man die Frau Marschalek und den Mediziner eingesperrt."

„Heutzutag möcht vielleicht nicht mal ein gutes Maß helfen. Nämlich die Welt is jetzt lauter Schwindel und lauter Gaunerei."

„Ehrlich Mariage spielen, das is wichtiger für uns als der ganze Weltkrieg."

Der Zionist Haschek

Als Haschek der Aufenthalt in Deutsch Brod zu lang wurde und ihm der Boden unter den Füßen zu heiß zu werden begann, erinnerte er sich plötzlich an seine Freunde und Kameraden. Redakteur Julius Schmidt, der Haschek nach Deutsch Brod eingeladet hatte, machte ihn mit einem vermögenden Alteingesessenen bekannt, der Weinkeller besaß und bei dem Haschek oft zu Gast war. Die Creme der kleinbürgerlichen Gesellschaft freilich war für Haschek Phantasie ein viel zu unbedeutender Happen. Und so lud er die Mitglieder des Theaters »Deklarace« ein, in dem er vor Zeiten gespielt hatte und früher auch einmal Regisseur gewesen war. Mit der Theatertruppe war auch die damals beliebte Tänzerin Ude Lieding gekommen. Das lautstarke Vergnügen und die ausstehenden Schulden jedoch spannten die Geduld der Gastgeber zu sehr auf die Folter. In allerhöchster Not half Haschek ein jüdischer Kaufmann aus, der die Ausgaben für die ganze Gesellschaft übernahm. Aus diesem Grund erinnerte sich Haschek an seinen Freund Egon Erwin Kisch, der Redakteur der Prager deutschen Tageszeitung Bohemia war. Er schickte ihm einen Brief mit der dringenden Aufforderung: „Ich denke an Dich in Deutsch Brod, wo ich mich für einen Zionisten ausgebe. Schicke mir umgehend ein paar zionistische Ausdrücke. Mit freundlichem Gruß, Jaroslav Haschek."

Bemerkenswert ist, daß die Tschechen in der österreichischen Armee niemals sagten: „Wir werden uns schlagen“ oder „wir werden sie dreschen“, sondern immer bitter und passiv äußerten: „Wir werden Dresche kriegen.“

„Da war dir in Nachod ein Bürgermeister, und der is auf einmal auf die Hauptmannschaft gerufen worn, daß Seine Majestät der Kaiser nach Nachod kommen wird, die Gemeinde soll sich zum Empfang vorbereiten, bis Seine Majestät durchfahren wird.

Der Herr Bürgermeister von Nachod hat Triumphpforten baun lassen, und weil er ein Mensch war, was gern alles extra gehabt hat, hat er angefangen, sich Aufschriften auf das eine Tor auszudenken. Er hat sich dann zwei Tage vorher einen Maler zu sich rufen lassen, hat ihn mit einer Leinwand in der Wohnung eingesperrt und hat ihn überhaupt nicht nach Haus gelassen; dann ham die beiden die Aufschrift in der Nacht allein auf das Tor genagelt, ham ein Tuch drauf gegeben, damits niemand lesen kann, und ham auf früh gewartet, wo der Kaiser kommen sollt.

Der Kaiser kommt, ein Polizist zieht mit einem Spagat das Tuch herunter, und die Leute lesen aufm Tor die schön gemalte Aufschrift:

Gelobt sei Jesus Christus !

Jetzt kommt Josef Franziscus !

Der Bürgermeister hat sich drauf viel eingebildet, und wie er schon alt war, so hat man seinen Sohn zum Bürgermeister gewählt.

Der Junge war das erste Jahr Bürgermeister, und man hat ihn wieder auf die Hauptmannschaft gerufen, daß Seine Majestät der Kaiser durch Nachod fahren wird, die Gemeinde soll einen Empfang vorbereiten. Er hat sich eingesperrt und hat nachgedacht, was für eine Aufschrift er auf die Triumphpforte geben soll; dann hat er sich Leinwand gekauft, hat die Aufschrift selbst gemalt und in der Nacht angenagelt, hat sie wieder mit einem Tuch zugedeckt und niemandem, nicht mal seinem Vater, ein Wort gesagt.

Der Kaiser kommt, der Polizist zieht das Tuch herunter, und auf dem Tor glänzt die Aufschrift:

Jesusmaria Josef !
Zu uns kommt Franz Josef !“

„Deshalb ist der ‚letzte Mann an der Kanone‘ seit langem die Vision der berühmtesten Maler. Diese Vision hat in dem genannten Josef Schwejk ihre Verkörperung gefunden, er hat die Sage von jenem Helden verwirklicht, er ist als letzter an der Kanone gestanden, hat die blutige Gefahr nicht beachtet, hat geladen, gezielt, gefeuert, von neuem geladen und so fort. Es war unmöglich, ihn zu fällen, sowohl für den Tod als auch für die Russen war er zu standhaft. Jetzt schmückt die ‚große silberne Medaille‘ seine Brust. - Das is ja so wie der Jaburek, was bei Königgrätz bei der Kanone gestanden is und fort geladen hat.“

Es ist ein seelischer Zustand, den Havlíček, der größte tschechische Journalist, folgendermaßen ausgedrückt hat: „Ich österreichischer Staatsbürger! Was kann mir noch Ärgeres geschehn?“

Als sie hinter den Bosniaken rasteten, wurden sie von diesen folgendermaßen begrüßt: „Jebem ti boga, es wird Sturm geben und Rum geben. Ohne Rum gibts keinen Sturm.“

„Deshalb, Jungens, könnt man ihnen auch nicht glauben; wenn die Kaiser zusamm ein Duell oder einen griechisch-römischen Ringkampf durchführen möchten, möchten sie gewiß auch irgendeine Gaunerei verabreden.“

„Ein Rabbiner hat über dem jüdischen Krieger gebetet, hat ihm auch einen Trost auf den weiten Weg in die Seele gießen wolln und hat ihm gesagt: ‚Moses, ich seh, daß du nix mehr lang wirst hier sein, aber mach dir nix draus, jedem schlägt die Stunde, wo er muß verlassen seine Geschäfte. Und du stirbst so bald, daß du noch heut mit Abraham wirst nachtmahln können.‘ Und der Soldat hat ausgespuckt und geseufzt: ‚Weiß Gott, lieber möcht ich nix fressen.‘“

In der Rolle eines russischen Kaufmannes

Zu Beginn des ersten Weltkrieges verbreitete sich in Prag die Nachricht, daß die Russen die gallizische Front durchbrochen hätten und nach Westen vorrückten. Es ging das Gericht um, die Kosaken seien in der Slowakei, nach einem anderen Gerücht sogar bereits in Náchod. Damals besuchte Haschek einmal die Weinstube an der Prager Perštýn-Kreuzung und sprach russisch. Da fragte ihn jemand: „Sie sprechen russisch, Herr Haschek?“ Darauf Haschek zum Schein verwundert: „Was denn, das ist russisch? Gestern war ich in Náchod, und dort spricht man so!“

Ein andermal brach ein Streit aus, ob der Nachtwächter im Gasthaus Zum Valeš in der Karolinengasse ein Polizeispitzel sei. Haschek schlug vor, sich davon selbst zu überzeugen. Er quartierte sich also in dem Gasthaus ein und schrieb ins Gästebuch: ‚Jaroslav Haschek, Kaufmann aus Moskau und gebürtiger Kiewer.‘ Etwa zwei Stunden später wurde er von der Polizei geweckt. Man hielt ihn für einen russischen Spion. Sorgfältig untersuchten die Polizisten seine Kleider, fanden aber bei ihm nicht mehr als vier Kreuzer. Dann nahmen sie ihn auf die Polizeidirektion mit. Ein bekannter Kommissar, der Haschek sofort erkannte, sagte vorwurfsvoll: „Was machen Sie denn für Geschichten, jetzt, in einer so ernsten Zeit?“ „Ich wollte mich nur davon überzeugen, ob die polizeilichen Anordnungen bezüglich der Meldung von Ausländern in der Kriegszeit auch ordnungsgemäß befolgt werden“, lautete die Antwort. Doch half das nichts. Haschek wurde ernsthaft ermahnt und zu fünf Tagen Gefängnis verurteilt.

Die Sache hatte ein Nachspiel. Ein Prager Blatt schrieb, man hätte bei ihm nur drei Kreuzer gefunden. Als Haschek das las, verfaßte er für die Presse eine Richtigstellung: „Es ist nicht wahr, daß bei mir drei Kreuzer gefunden wurden, sondern wahr ist, daß es vier Kreuzer waren, was für einen tschechischen Schriftsteller angesichts der heutigen Verhältnisse ein ganz beträchtlicher Betrag ist...“

„Kitzeln können Sie mich, das is fein; aber stören Sie nicht durch brutales Eingreifen den Lauf meiner besten Gedanken, vielleicht is Ihnen bekannt, daß man die weitreichendsten, kühnsten und edelsten Gedanken hat, wenn man am Brett sitzt.“

„Im Wirtshaus gibts ne Rauferei: Verkaterung!
Hie und da kommt eine Watsche: Schnellfeier!
Da machen die Zivilisten gleich: Kehrteich!
Wir jagen sie ausm Wirtshaus: Laufschritt, marsch!
Der Soldat hat ein Mädel hinterm Eck: Abfertigung.
Da kommt die Patrouille: Halt! Wer da?
Kamerad, ich bin ja noch nicht: Fertig!
Hab noch nicht versorgt mein: Verschlußstück.“

Als Schwejk nicht abließ, sich auf sein Recht zu berufen, wobei er darauf hinwies, daß alle Gruppen einen gleich großen Haufen erhielten, sagte Kukuschkin dem Feldwebel nur das eine Wort:

„Katorga.“

Und dann, nachdem er eine Zeitlang geschwiegen hatte, fügte er halblaut hinzu:

„A daj mu po morde.“ (Gib ihm ein Paar Watschen.)

Schwejk, der sie mit einem brüderlichen und liebkosenden Blick umfaßte, sagte sich:

„Der Slawe hat überall Brüder.“

„Auf einmal packt den Pepi eine Polizistenhand an der Schulter: ‚Im Namen des Gesetzes verhafte ich Sie. Sie ham geschrien: Nieder mit Österreich, nieder mit dem Kaiser!‘

Der Pepi zeigt mitm Finger aufn Hals, und der Polizist winkt den andern, sie solln ihm den Pepi abführen helfen, und so ham sie ihn aus der Menge herausgezogen und schleppen ihn aufs Kommissariat.

Dort setzen sie ein Protokoll auf, und der Pepi zischt: ‚Ich hab nicht geschrien, ich hab geschwollene Mandeln.' Und der Polizist fügt hinzu:‚Sehn Sie, HerrKommissär, wie heiser er vom Schreien is.'

Aber der Kommissär sieht, daß der Pospischil einen geschwollenen Hals hat und fragtn Polizisten: ‚Wissen Sie bestimmt, daß er geschrien hat?' und der antwortet: ‚Melde gehorsamst, er hats schreien können!'
‚Aber Sie sehn doch, daß er nicht reden kann', der Kommissär hat schon Wut gekriegt, weil er gewußt hat, daß die Polizei einen Skandal draus ham wird, und der Polizist bleibt dabei: ‚Bestätige gehorsamst unter meinem Diensteid, er hats schreien wolln!'"

„Es is ja genau so wie mit der Mrklasa in Prschischimas. Die hat einen Sohn gehabt, was Poldi geheißen hat, und der Alte hat ihm das Gut geben wolln, und sie selbst wollten ins Ausgedinge gehn. Und so hat er sich ihn mal sonntags gerufen und sagt ihm: ‚Poldi, schau, daß du dir eine Braut findest.' Und der Poldi kommt nach einiger Zeit: ‚Vater, ich möcht die Agnes Tschejka aus Doubrawitsch heiraten.' - ‚Die kannst du nicht heiraten,' sagt der Alte drauf. ‚No, frag nicht warum, ich weiß, daß sie zu uns passen möcht, aber nehmen kannst du dir sie nicht.' Und wie der Poldi nicht aufgehört hat zu fragen, warum, hat ihm der Alte gesagt: ‚No, ich bin ihrer Mutter nachgestiegen; sie - kurz - sie is deine Schwester.' Und der Poldi is wieder von einer Musik zur andern und zu allen Kirchweihfesten gegangen und is wieder gekommen:

‚Vater, ich hab schon ein Mädl. Ich nehm mir die Marta Holub aus Schiebrschin.' Der Alte hatn Kopf geschüttelt: ‚Das is auch nichts; woher denn, ihre Mutter hab ich fünf Jahre gekannt, und sie is auch deine Schwester.' Aber der Poldi war schon für die Marta Feuer und Flamme und hat angefangen, sich wegen ihr zu kränken; er hatn Kopf hängen lassen, bis die Mutter es bemerkt hat. Und sie hat aufn Poldi eingeredet, was mit ihm los is. Der Poldi hats lang nicht sagen wolln, aber dann hat er der Mutter gestanden, was für Schwierigkeiten er mit dem Heiraten hat, und die Mutter hat sich hinter den Ohren gekratzt: ‚Und hat sie dich lieb, Poldi? Und hast du sie wirklich lieb?‘ Er hat nur geschluchzt: ‚Lieber als dich, Mutter; wir können nicht ohne einander leben.‘ Und sie hat sich noch einmal hinter den Ohren gekratzt, hat ihn angeschaut und hat gesagt: ‚Also, gib nichts auf die Reden vom Vater und heirat sie; unser Alter is eh nicht dein Vater.‘“

„Vor Gedanken und vorm Mund kann man sich nicht genug hüten“, entschied Schwejk. „Er denkt, weil er ein Student is, und wie sollt er auch nicht denken, wenn man ihm die Gedanken in den Schädel gesetzt hat. Jeder, was nicht blöd is, soll denken. Und sie müssen auch drüber eine Aufsicht führen, was sich die Leute denken. Wohin, um Gottes willen, möcht denn das führen, wenn sich jeder denken könnt was er will und keine Strenge aufs Denken wär? Da möchten sich die Leut so manches denken, wovon die Staatsanwaltschaft wissen sollt. Es gibt Leute auf der Welt, die bis zu ihrem Tod nicht begreifen, wie etwas irgendwohin kommen konnt...“

„Wer die Lumperei sieht, die man an den Menschen begeht, der muß sich das Ärgste denken. Und das Denken wird man den Menschen nie verbieten. Dagegen stecken sie nichts auf, samtm Erzherzog Friedrich, diesem alten Kerl, nicht. Sie werden sich noch wundern, woher die Leute auf solche Gedanken kamen, wie sie der Krieg hervorgerufen hat.“

Haschcks indianischer Freund

Der Forschungreisende Frič hatte von seinen Reisen einen Indianerjungen vom Stamm der Tschomakoko mitgebracht. Er hieß Tscheruisch und fühlte sich unter den Bleichgesichtern wie zu Hause. Haschek, der bizarre und exotische Erscheinungen sehr mochte, machte sich mit ihm gründlich bekannt und versuchte, sich mit Worten und Gesten mit ihm zu verständigen. Einmal erzählte ihm der indianische Krieger, wobei Albert Frič als Dolmetscher half, von seiner Begegnung mit den Mauteinnehmern auf der Prager Brücke am Nationaltheater.

„Der Mann mit schönen Federn auf dem Kopf gab mir die Hand. Tscheruisch wußte sehr wohl, was das bedeutet." Beim Stamm der Tschomakoko ist das eine Aufforderung zum Zweikampf. Er sprang den weißen Häuptling an. Ehe sich's der Wachtmeister versah, lag Tscheruisch auf ihm und grunzte wie ein Schwein, was das Lied des Sieges ist. Der besiegte Wachtmeister rief: „Im Namen des Gesetzes, lassen Sie mich los!" Tscheruisch begriff, daß der weiße Häuptling um Gnade bat. Er stieg also von ihm runter und ging ruhig weiter, wobei er rief: „Tschomakoko, tupurumba." „Dann kamen ein, zwei, drei, vier solcher Häuptlinge“, fuhr Tscheruisch fort. „Sie riefen, daß ich gesiegt hätte, brachten so einen kleinen Wagen mit, trugen mich in allen Ehren dorthin und ich fuhr los... Auch Armbänder aus Silber legten sie mir an. Und dann gab es da so einen Wigwam, dort nahmen sie mir die Armbänder aus Silber ab und bewirteten mich auf ihre ehrenvolle Art, gaben mir Brot und Suppe, eine Delikatesse war sie, lauter süße Schwaben schwammen in ihr...“

Die Prager Polizei hatte in Tscheruisch, dem Indianer, ihren größten Bewunderer.

Fremdenführer auf der Burg Lipnice

Das Ende seines bewegten Lebens brachte Haschek in einem kleinen Städtchen unterhalb der Burg Lipnice zu. „Aus der Ferne sieht diese Ruine wie eine mißlungene Lokomotive aus, denn ein Teil des Turmes ragt mit der Bitte in den Himmel, der Blitz möge doch endlich in ihn einschlagen oder ein Hurrikan möge kommen und ihn hinwegfegen. Weil der Turm das Wort ‚restaurieren', nicht mehr hören kann, wirft er von selbst Steine von den Wänden auf die Schule hinunter, auf die er wohl sehr bald fallen wird."

Vom Burgverwalter Böhm lieh sich Haschek die Schlüssel zur Burg, und im Bierhaus der Burg, wo sich vor Jahren das Gesinde stärkte, schrieb er seine Arbeiten. Wehe aber, wenn ihn neugierige Touristen störten. Aus seiner Ruhe aufgescheucht spielte Haschek den Fremdenführer und erzählte Dinge, bei denen den Kennern vor Entsetzen die Haare zu Berge standen. „Meine Damen und Herren, was Sie hier sehen ist eine Ruine. Man darf also annehmen, daß früher an dieser Stelle eine Burg gestanden hat. Dafür spricht schon der Umstand, daß diese Stelle Ruine der Burg Lipnice heißt. Einst waren diese Trümmer bewohnt. Hier residierte der Winterkönig Friedrich von der Pfalz. Er wohnte hier im Winter, von daher leitet sich auch sein Spitzname Winterkönig ab. Wenn er hier im Sommer gewohnt hätte...“

„Erlauben Sie“, sagte ein älterer Herr mit Zwicker. „Sie irren sich, hier war die Residenz der alten Trčkas.“

„Wenn Sie gestatten: Ich kenne die gesamte Umgebung. Die Trčkas hatten eine Hütte im Dorf Kejžlice, und die hat der alte Trčka selbst in Brand gesteckt und ist dafür eingesperrt worden. Der Junge dient am Maschinengewehr in Tschaslau.“

„Mein Herr“, sprach der Herr mit Zwicker und knirschte mit den Zähnen, „einer der Trčkas wurde gleichzeitig mit Waldstein getötet...“

„Daran kann ich mich nicht erinnern“, erwiderte Haschek, „aber noch heute werde ich im Wirtshaus den hiesigen Gendarmeriewachtmeister fragen. Soviel ich aber weiß, hat der nie davon erzählt...“

So und ähnlich verliefen auch andere Debatten, die der Fremdenführer der Burg Lipnice mit neugierigen Besuchern führte. Die Hauptsache freilich war, daß er sie mit diesen Hirngespinsten von einem weiteren Burgbesuch abgeschreckt hatte.

Daß dieses Buch keine Widmung trägt, ist einzig und allein die Schuld der Leute, die mir eine zu schäbige Summe angeboten haben, für die ich es ihnen widmen sollte. Auf solch niederträchtige Vorschläge konnte ich nicht eingehen.

Bei dieser Gelegenheit erlaube ich mir, die geschätzten Leser darauf aufmerksam zu machen, daß ich für einen gewissen Betrag das Buch mit meiner eigenhändigen Unterschrift und einer Widmung versehe, und zwar nach folgender Taxe:

„Meinem lieben Freunde gewidmet" kostet mit eingenhändiger Unterschrift 50 Kronen.

„Meinem teuren Freunde gewidmet" kostet mit eigenhändiger Unterschrift 100 Kronen.

„Zur Erinnerung an treue Freundschaft" kostet mit eigenhändiger Unterschrift 200 Kronen.

„Meinem liebsten Freunde zur Erinnerung an treuste Freundschaft" kostet mit eigenhändiger Unterschrift, mit Tusche geschrieben, die auch nach Jahren nicht verblaßt, nur 500 Kronen.

Jaroslav Haschek

wurde am 30. 4. 1883 als Sohn eines Prager Realschullehrers geboren. Nach seinem Abschlußexamen an der Handelsakademie und einem kurzen Versuch, bei einer Versicherung zu arbeiten, nahm er sein unstetes Leben als freier Schriftsteller auf. Er schloß sich vorübergehend den tschechischen Anarchisten an, trennte sich wieder von ihnen, heiratete, verließ nach einigen Jahren auch seine Frau und trieb sich in der ganzen Donaumonarchie herum. Im Ersten Weltkrieg wurde er Soldat, lief zu den Russen über, kehrte 1920 nach Prag zurück und schrieb die weltberühmten „Abenteuer des braven Soldaten Schwejk“. Am 3. 1. 1923 ist Haschek an den Folgen seiner Trunksucht gestorben. Sein Schwejk, aus Mutterwitz und Prager Ironie geboren, wurde unsterblich, wie auch seine Aussprüche.

Vom Autor dieses Buches, **Radko Pytlík** (*1928, Prager Literarhistoriker und Publizist), ist in deutscher Sprache bereits erschienen:

Jaroslav Haschek in Briefen, Bildern und Erinnerungen (1983)
Jaroslav Haschek und der brave Soldat Schwejk (1983)
Franz Kafka - Prager Mosaik (1993)
Prager Guckkasten oder Die Rückkehrt nach Prag (im Druck)

Also sprach Schwejk...
Herausgegeben von Radko Pytlik
Aus dem Tschechischen übertragen von G. Reiner
und Wolf B. Oerter
Verlag Schola ludus Pragensia, 1994
Druck IMPRESO Žďár nad Sázavou
ISBN 80-900668-7-9